August Graf von Kageneck

In Zorn und Scham

W0171799

AUGUST GRAF VON KAGENECK

In Zorn und Scham

Ungesammelte Gedanken zum größten
anzunehmenden Unfall unserer Geschichte

v. HASE & KOEHLER VERLAG

Umschlaggestaltung: Lutz Jahrmarkt, Hamburg
Porträtfoto: Tony Grylla, Paris

Die Deutsche Bibliothek - CIP-Einheitsaufnahme
Kageneck, August von
In Zorn und Scham / August Graf von Kageneck. -
Mainz : v.Hase & Koehler, 1998
ISBN 3-7758-1371-3

»Wenn ein Volk die Hand gegen ein anderes Volk erhebt, führt es Krieg gegen sich selbst, gegen seine Kultur, die zu einem Ganzen gehört. Die Macht, die den anderen zu Grunde richtet, wird selbst zugrundegehen. Das ist göttliches Gesetz.«

Ilia II., Patriarcus catholicos von Georgien
auf dem Welt-Kulturforum 1995 in Tiflis.

Inhalt

Vorwort

»Es ist ein Mangel an Größe und an Erkenntnis der Aufgabe, wenn ein Soldat in höchster Stellung in solchen Zeiten seine Pflichten und Aufgaben nur in dem begrenzten Rahmen seiner militärischen Aufgaben sieht, ohne sich der höchsten Verantwortung vor dem gesamten Volk bewußt zu werden. Außergewöhnliche Zeiten verlangen außergewöhnliche Handlungen!«

Ludwig Beck

»Das Bewußtsein soldatischer Ehre bleibt unbetroffen von allen Schulderörterungen, wer in Kameradschaft treu, in Gefahr unbeirrt sich durch Mut bewährt hat, der darf Unantastbares in seinem Selbstbewußtsein bewahren.«

Karl Jaspers

Wenige Fragen haben die interessierte Öffentlichkeit in regelmäßigen Abständen so leidenschaftlich beschäftigt wie die nach der Schuld an der Machtergreifung Adolf Hitlers, dem Weg in die nationalsozialistische Diktatur und schließlich in den Zweiten Weltkrieg, mit allen seinen Folgen für die Völker Europas.

Einer deutschen "Nachkriegs-Tradition" folgend steht dabei die Frage der Schuld im Vordergrund der meisten Erörterungen, weil mit der Identifizierung des oder der Schuldigen die "Unschuldigen" - und so empfindet sich naturgemäß die Mehrheit - scheinbar unbelastet zurückschauen können.

Um die Schuldfrage zu relativieren, wird noch zwischen "individueller" und "kollektiver" oder aber "subjektiver" und "objektiver" Schuld bei der Beurteilung der Schuldhaftigkeit unterschieden. So richtig und zulässig es sicher ist, aus rein rechtlicher Sicht eine Kollektivschuld zu verneinen und den Einzelnen bis zum Nachweis individueller Schuld für nicht schuldig zu halten, so wenig ist die Tatsache zu übersehen, daß eine Katastrophe dieses Ausmaßes nicht von einigen wenigen - Schuldigen - ausgelöst worden sein kann. Muß sich nicht eine ganze Generation Handelnder wie Nichthandelnder die Frage nach der zumindest moralischen Mitschuld stellen? Darüber hinaus ist heute eindeutig erwiesen, daß nicht wenige dieser Generation, die durch Wort und Tat willentlich und wissentlich direkt oder indirekt an den Untaten dieses Regimes beteiligt gewesen sind, sich nicht nur moralisch, sondern auch im rechtlichen Sinne schuldig gemacht haben.

In der Diskussion um die Schuldfrage hat von Beginn an die Wehrmacht und ihr Handeln im Mittelpunkt gestanden: Einmal, weil sie im Inneren des Reiches der unbestreitbar einzige Machtfaktor war, der Adolf Hitler mit Aussicht auf Erfolg hätte in den Arm fallen können - wie dann ja am 20. Juli 1944 auch versucht - zum andern war sie das Instrument, dessen heute noch weltweit beachtete und geachtete militärische Leistungen ebenso unbestreitbar als Wegbereiter der größten Verbrechen gegen die Menschheit mißbraucht wurden. Insofern ist es naheliegend und auch sachlich gerechtfertigt, die Wehrmacht einer besonders kritischen Betrachtung zu unterziehen.

Es ist jedoch auch eine Frage der Wahrhaftigkeit und der Gerechtigkeit, daß dabei die Wehrmacht nicht pauschal als "verbrecherische Organisation" hingestellt, mithin jeder, der in ihr gedient hat, quasi zum Verbrecher gestempelt wird, was nicht einmal die Sieger des II. Weltkriegs getan haben. Vielmehr sollten bei Anerkenntnis einer moralischen Mitschuld, die Soldaten der Wehrmacht in ihrem Handeln differenziert betrachtet und beurteilt werden.

Ein Musterbeispiel dafür wie dies nicht geschehen sollte, bietet die Wanderausstellung "Vernichtungskrieg. Verbrechen

10

der Wehrmacht 1941-1944". Ihre Zielsetzung ist aus meiner Sicht eindeutig: Rund zwanzig Millionen deutscher Soldaten, ja unsere Vorvätergeneration, werden unausgesprochen zu verbrecherischen Tätern gemacht.

Bedauerlicherweise wurde dieser undifferenzierten Darstellung soldatischen Verhaltens im Zweiten Weltkrieg nur allzu häufig eine nicht weniger vereinfachende und deswegen zu Recht angegriffene Antwort gegeben: die Wehrmacht als solche sei zwar von Adolf Hitler mißbraucht worden, insgesamt aber "sauber" geblieben, sehe man von einigen wenigen ab, die sich nachweislich schuldig gemacht hätten.

So wenig hilfreich diese unqualifizierte Form der Auseinandersetzung mit unserer Vergangenheit auch für die Bewältigung der damit einhergehenden menschlichen Problematik ist, so hat sie doch den Anstoß für eine breite öffentliche Diskussion unserer jüngsten Vergangenheit insgesamt und der Wehrmacht im besonderen und damit auch Anlaß gegeben, neue und glaubwürdigere Beiträge in die Debatte einzuführen.

Das vorliegende Buch von August Graf von Kageneck, Geburtsjahrgang 1922, der als Panzeroffizier den Rußlandfeldzug vom ersten Tag an als junger militärischer Führer an vorderster Front miterlebt hat, überzeugt, für eine gerechte Sache zu kämpfen, ist ein solcher Beitrag.

Er hat die militärischen Siege der Wehrmacht und die seiner Division gegen die Rote Armee miterlebt, wenn ihm auch die folgenden Niederlagen wegen Verwundung als Fronterlebnis erspart blieben. Aber er ist auch, direkt und indirekt, Zeuge entsetzlichster Verbrechen geworden, die sich im Rücken der kämpfenden Truppe vollzogen, quasi als "Folgeoperationen", zum Teil ohne deren Wissen, zum Teil geduldet, zum Teil aber auch von dieser unterstützt. Sehenden Auges wuchsen die Zweifel in ihm und schließlich auch die Überzeugung, zwar persönlich "anständig", aber für eine "unanständige" Sache zu kämpfen.

Kageneck macht es sich nicht leicht: Er urteilt als ehemaliger Offizier, also "Täter", als Aristokrat und Katholik, als im Ausland erfahrener Journalist, der sich als Deutscher seiner eigenen und der Vergangenheit seiner Nation zu stellen hatte. Er ordnet die Wehrmacht der sie umgebenden Gesellschaft zu und beschreibt aus persönlicher Sicht das Versagen der sie tragenden Teile: der Aristokratie und des Großbürgertums, der Kirchen, der politischen Parteien sowie der Reichswehr und schließlich der Wehrmacht.

Konsequent wendet er sich gegen Pauschalurteile, so etwa gegen den Mythos der "sauberen" Wehrmacht, deren oberste militärische Führung direkt wie indirekt die Mitverantwortung für die Entartung der Kriegführung trug und häufig genug die aktive Beteiligung an Verbrechen unterstützt hat, zumindest schweigend duldete.

Aber er tritt auch ebenso leidenschaftlich für die Mehrheit der zwanzig Millionen Soldaten ein, für ihre persönliche Integrität, für ihre soldatische Ehre und für die Achtung vor ihrem Opfermut.

Er legt seine Finger auf die Wunden seiner Kameraden. So beklagt er die noch heute in nicht wenigen Teilen seiner Generation und unserer Gesellschaft im allgemeinen unzureichende Würdigung des durch die Offiziere am 20. Juli 1944 gesetzten Fanals. Er wendet sich auch gegen die pauschale Diffamierung der Deserteure sowie der im "Bund Deutscher Offiziere" nach der Katastrophe von Stalingrad zusammengeschlossenen Soldaten, ohne damit einer ebenso pauschalen Heroisierung dieses Kreises das Wort zu reden. Er bejaht die Wanderausstellung, nicht, weil er mit den Inhalten und der einhergehenden Sentenz vorbehaltlos übereinstimmt, sondern weil er sie als Anstoß für eine aufrichtige Auseinandersetzung mit der Problematik, die er gerade in seiner Generation vermißt, für notwendig erachtet.

Kagenecks Sicht ist eine sehr subjektive und nicht selten überspitzte, aber es ist eine aus dem persönlichen Erleben der Vorgänge bezogene, und er hat sich selbst die Achtung der Ehre seiner Kameraden und das Band der Kameradschaft zum Maßstab seines Urteils gesetzt.

Intensive und zum Teil sehr kontroverse Gespräche zwischen den Kameraden zweier deutscher Soldatengenerationen, jedoch mit einer Auffassung von den ethischen Grundlagen des Soldatenberufs, haben mich, den jüngeren, Jahrgang 1936, davon überzeugt, daß es dem älteren darum geht, mutige Rechenschaft über das Handeln seiner selbst wie seiner Generation abzulegen, nicht, um zu verletzen, sondern um der jüngeren Generation die Achtung vor ihren Vorvätern, auf deren Schultern sie steht, zu erhalten und sie damit in ihrer Selbstachtung als Deutsche zu bestärken.

Kageneck empfindet Zorn und Scham darüber, daß es dem deutschen Volk versagt blieb, sich aus eigener Kraft vom Nationalsozialismus zu befreien. Mir scheint dieses Begriffspaar noch besser geeignet, die unselige Schuldfrage dadurch zu entschärfen, daß wir uns in dem gemeinsamen Bekenntnis treffen: wir sind uns einig im Zorn über den Mißbrauch bester menschlicher Tugenden und in der Scham über das durch diesen Mißbrauch im deutschen Namen Angerichtete.

Helge Hansen
General a.D.

Einleitung

Ich gehöre zur Kriegsgeneration. Zweiter Weltkrieg versteht sich. Jahrgang 1922. Panzertruppe. 13 Monate Ostfront, drei Monate Westfront. EK I und Verwundetenabzeichen in Silber, für zwei Kratzer und einen Treffer in die Schnauze.

Das ist nicht gerade toll. Reichsdeutscher Durchschnitt. Von Heldentum keine Spur. Da hat es Hunderttausende gegeben, die sich viel braver geschlagen haben als ich. Mein Bruder zum Beispiel, der, wenn ich richtig zähle, von den 68 Monaten, die der Zweite Weltkrieg gedauert hat, 32 an der Front verbracht hat. Resultat: sehr viel eiserner Segen, "um den Hals soviel wie im Fleische", wie man zu witzeln beliebte.

Trotzdem werde ich ein Kriegsbuch schreiben. Aber von der anderen Sorte als die vielen, die seit dem Kriege die Bahnhofsbuchhandlungen überschwemmen. Hier werden keine menschlichen Dramen in Kellern, Panzerlöchern und Schützengräben entfaltet. Es wird auch keine Rechtfertigung betrieben, wie das viele glorreiche Heerführer nach 1945 taten. Der nie mehr als einen Panzerspähtrupp führte, wüßte auch kaum, warum.

Nein, es soll vielmehr der Versuch unternommen werden, das zentrale Drama zu beschreiben, oder besser den Skandal, den dieses ganze Unternehmen Drittes Reich und Zweiter Weltkrieg für mich, für mein Volk, für Europa, für die westliche Zivilisation, für die Humanitas bedeutete. Den Skandal zu brandmarken, daß es inmitten eines Volkes, welches seit 1000 Jahren christianisiert war und eine achtenswerte Reihe von großen Humanisten hervorgebracht hat, zu Adolf Hitler kommen konnte. Zu brandmarken in Zorn, und in Scham.

Dabei werde ich nicht umhin können, meine eigene Teilnahme an diesem Unternehmen und die Armee, in deren Rahmen sie sich abspielte, einer kritischen Prüfung zu unterziehen. Dazu brauche ich weder meine ehemaligen Kameraden zu verraten, noch mich der These von Herrn Philipp Reemtsma anzuschließen, die Wehrmacht sei in toto ein Haufen von Verbrechern gewesen. Kameradschaft ist mehr als Freundschaft und ein so kostbares Gut, daß man sie nicht so leichtfertig opfern sollte. Und die Ehre, in der sich viele ehemalige Soldaten durch Herrn Reemtsma verletzt fühlten, ist ein ethisch zu hoch angesetzter Begriff, als daß man oberflächlich damit umgehen könnte.

Aber sind beide, die Kameradschaft und die Ehre, mit der normalen Elle meßbar, wenn sie von einem Verbrecher in einem verbrecherischen Angriffskrieg mißbraucht, pervertiert und verraten wurden?

Ich werde auch nicht umhin können, die Verantwortung für die Herbeiführung des Skandals zu prüfen und dabei meinen eigenen Stand, die Eliten im Zwischenkriegs-Deutschland, einer kritischen Betrachtung zu unterziehen. Bertolt Brecht hat den Aufstieg des Arturo Ui zur Macht als aufhaltbar bezeichnet. Recht hat er. Hitler hätte vermieden werden können, wenn die Rechte Deutschlands zur Weimarer Republik gestanden hätte. Einmal an der Macht, war dem Unheil nicht mehr in den Lauf zu fallen.

16

In Zorn und Scham. Beide Gefühlsausbrüche ergänzen sich in mir in der Betrachtung dessen, was ein Mann, der von "no where", von nirgendwo, kam, in nur fünf Jahren aus meinem Vaterland gemacht hat. Aus einem langen Leben außerhalb der Grenzen des Landes weiß ich, daß die Folgen nicht beseitigt sind. Sie werden auch in weiteren 50 Jahren nicht beseitigt sein. Die Welt wird nicht aufhören, sich zu fragen, wie so etwas möglich werden konnte. Wie so etwas in Deutschland möglich werden konnte. Und sie wird verstohlen danach schielen, ob es unter dem Gejohle unserer hakenkreuzbeschmierten Skinheads, unter dem "Sieg Heil" aus mancher Bundeswehr-Rekrutenkehle, unter den Brandlegungen in Asylheimen und Kirchen nicht doch noch ein Glimmen gibt, aus dem eine neue Flamme schlagen könnte.

Solches Schielen ist unnötig. Die Niederlage von 1945 hat uns, wie Heinrich Mann sagte, das Geschenk der Demokratie gemacht. Einer ganz und gar soliden, einer Muster-Demokratie. Wenn die Deutschen etwas machen, dann machen sie es gründlich. 1918 waren sie, Gott sei's geklagt, dazu nicht fähig. Und der Satan, den viele unserer Widerstandskämpfer in Hitler sahen, konnte seinen Teufelsstaat auf gutem Humus errichten. Solchen Humus gibt es nicht mehr. Er ist ausgetrocknet, von der Götterdämmerung hinweggeschwemmt worden. Freuen wir uns darüber. Aber werden wir nicht müde, auf das hinter uns Liegende zurückzuschauen, denn wir sind es den nachfolgenden Generationen schuldig.

Kapitel 1

Eine kleine Stadt in Deutschland

Wenn ich an das Dritte Reich zurückdenke, steht mir die Figur meines Vaters vor Augen. Er war - im fast buchstäblichen Sinne - die Verkörperung des Zweiten Reiches. Geboren kurz nach der Reichsgründung, genau genommen am 10. Mai 1871, dem Tag des Friedensschlusses von Frankfurt, der den deutsch-französischen Krieg beendete, hat er den aktiven Teil seines Lebens fast bis zum Untergang dem Werk Bismarcks gewidmet.

Er hat dieses Reich geliebt, so sehr, daß er als Badener, genauer gesagt als Vorder-Österreicher, nicht in ein badisches oder süddeutsches Regiment eintrat, sondern nach Potsdam ging, um dem Hohenzollern Wilhelm II. als Leibgarde-Husar zu dienen. Der machte ihn zum Dank zu seinem Flügeladjutanten, wobei es zu seinen Obliegenheiten gehörte, mit dem hohen Herrn Tennis zu spielen oder ihn bei einem der beliebten "Herrenabende" im Neuen Palais mit Witzen aus seiner Heimat zu unterhalten. Später schickte der Kaiser ihn nach Wien, als Militär-Attaché an der dortigen Deutschen Botschaft. Und hier erlebte er, sozusagen vom Balkon aus, die tragische Entwicklung auf dem Balkan, die in den Ersten Weltkrieg mündete.

Das Opfer von Sarajevo hatte er gut gekannt. Ich besitze noch ein goldenes Zigaretten-Etui mit eingelegtem "FF" aus Brillanten, das Franz-Ferdinand ihm zum Geschenk machte. Sie waren Jagdfreunde. Ob sie zwischen zwei Treiben über die Entwicklung in den Kronlanden sprachen, ist nicht überliefert.

Mein Vater war ein eher liberaler Mann, geprägt von der frei denkerischen, anti-autoritären Tradition seiner süddeutschen Heimat und seiner elsässischen Vorfahren. In seinem erzherzoglichen Freund fand er einen gleichgestimmten Geist. Der Thronfolger war, wie man weiß, für eine gründliche Reform des habsburgischen Vielvölkerstaates, mit weitgehender Autonomie für die Ungarn und die Tschechen. Die Annektion Bosniens sechs Jahre vor seinem Tod fand nicht seine Billigung. Auch die "Süd-Slawen" wollte er in einem eng an die Monarchie gebundenen Staatenbund organisiert sehen. Er war ein Freund Wilhelms II. und ein großer Verfechter des Zweibundes mit dem deutschen Kaiserreich. Da gab es viel Geistesverwandtschaft zu meinem Vater.

Nachdem die Schüsse in Sarajevo gefallen waren, glich Europa einer Scheune, die der geringste Funke in Brand setzen würde. Die Schwerter glühten in den Scheiden und verbrannten den Verantwortlichen die Schenkel. Man wartete förmlich darauf, sie ziehen zu können, in Paris, in St. Petersburg, in Wien, in Berlin und im kühlen London. Es gab Verträge, die zu respektieren waren. Es gab Rache, die zu nehmen war. Es gab Angst. Angst vor einem übermächtigen Deutschland, dessen Monarch ständig mit den Muskeln spielte. Und es gab die Fatalität, gegen die offenbar.niemand angehen konnte. Es gab die Fatalität und den Willen der Völker, die in patriotische Räusche verfallen waren.

Es will mir scheinen, als habe mein Vater sich gegen die Fatalität zu wehren, sie zu verhindern versucht. Gelegentlich sprach er zu seinem jüngsten Sohn von diesen tragischen Tagen zwischen dem Mord an der Miljacka-Brücke und dem Ausbruch des Krieges. Er sprach mir von den "Immediatsberichten", die er als "Flügeladjutant" an seinen Kaiser zu richten das Recht hatte. Daß er den Kaiser gewarnt habe, sich nicht allzu sehr auf den österreichischen Bundesgenossen einzuschwören, da dessen nicht auszuschließendes Strafgericht über Serbien Rußland auf den Plan rufen könnte. Aber daß die "Kriegspartei" in Berlin obsiegt habe.

Diese meine Jugenderinnerungen werden erhärtet von dem Historiker Gerhard Ritter, der im Band II seines Monumentalwerkes "Staatskunst und Kriegshandwerk" meinen Vater einigemale als Quelle heranzieht. Ritter, der in Freiburg lehrte, besuchte meinen Vater vor dessen Tode im April 1967 in seiner alten Mühle in Bleichheim bei Emmendingen, um mit ihm über den dramatischen Monat Juli 1914 zu sprechen. Ritter starb drei Monate nach meinem Vater in Freiburg.

Dabei ging es um die Rolle des österreichischen Generalstabschefs General Conrad von Hötzendorf, eines undurchsichtigen, zwischen Lust am Zuschlagen und pessimistischer Einschätzung der Folgen schwankenden Mannes, den mein Vater gut gekannt hatte. Ritter zitiert meinen Vater mit einer Tagebucheintragung vom 27. Juli 1914, vier Tage vor Kriegsausbruch: "Habe innerlich den festen Eindruck, und dies stets in Unterredungen mit Chef Conrad und anderen Bekannten des Kriegsministeriums zum Ausdruck gebracht, daß Rußland nicht stillhalten kann, wenn Österreich-Ungarn mit Serbien abrechnet. Sonst hört Rußland auf, Großmacht zu sein und hat jedenfalls auf dem Balkan gänzlich ausgespielt." Wie aktuell der Bezug auf die heutige Situation! Vorher hatte mein Vater, immer laut Ritter, aufgezeichnet (am 25.7.): "Nachmittags gehe ich ins Kriegsministerium, treffe Conrad und begleite ihn nach seiner Wohnung, beide kopfhängend, da Extrablätter mit der Annahme aller Forderungen (Österreich-Ungarns an Serbien) in Frankfurt a.M. ausgegeben waren, alles sei wieder mal vorbei, und wir besprechen schon die nunmehr notwendigen innerpolitischen Maßnahmen."

Die Anmerkung meines Vaters bezieht sich wohl auf Conrads erneutes Umfallen. Er hatte sich, obwohl er die Chancen eines Krieges gegen Serbien inzwischen als geringer einschätzte als noch ein Jahr zuvor, schweren Herzens zum Losschlagen entschlossen. Nachdem nun aber die Serben alle von Wien gestellten, ultimativen Forderungen auf Bestrafung des Attentäters und Wiedergutmachung angenommen hatten, sah er seine Felle wegschwimmen. Aber nicht lange Zeit. Drei Tage später erklärte Österreich-Ungarn Serbien den Krieg, und das Verhängnis nahm seinen Lauf, getrieben von den Kriegsparteien in den europäischen Hauptstädten.

Die militärische Karriere meines Vaters war am Kriegsende von einem kanadischen Stoßtrupp-Führer und der Revolution beendet worden. Im Juli 1918 war er bei der alliierten Gegenoffensive bei Reims als Kommandeur einer Kavallerie-Brigade in Kriegsgefangenschaft geraten und hatte das Kriegsende in einem englischen Generalslager bei London erlebt. Erst im Mai 1919 war er zu seiner inzwischen von Berlin nach Bonn umgezogenen Frau und seinen vier Söhnen zurückgekehrt. Seinem vier Jahre später geborenen fünften und letzten Sohn erzählte er später seine Heimfahrt im Zug von

Bremen nach Bonn, stehend im Gang eines Waggons, dessen Abteile von gröhlenden Revoluzzern im Sturm genommen worden waren.

Ich hatte den Eindruck, daß dies ein zentrales Schock-Ereignis gewesen sein muß. Seine Welt war zusammengebrochen. Eine Welt der strikten gesellschaftlichen Ordnung, in der der Adel, das Militär, die höfischen Kreise seit Jahrhunderten die unangefochten privilegierte Rolle gespielt hatten. Durch Tüchtigkeit und Glück war er in dieser Welt zu hoher Verantwortung und einem vertrauensvollen Verhältnis zu den beiden Monarchen der Mittelmächte, Wilhelm II. in Berlin und Franz-Joseph I. in Wien, aufgestiegen. Daß diese Welt innerlich brüchig geworden und ihr Bestand seit Ausbruch des Krieges von düstersten Wolken überschattet war, hatte er wohl erkannt. Über den Ausgang des Krieges mag er sich frühestens nach der verlorenen Marne-Schlacht keine Illusionen gemacht haben. Die Flucht seines kaiserlichen Herrn nach Holland hatte er schwer verwunden, wenn auch sein Urteil über ihn von starken Zweifeln geprägt war. Er empfand ihn, so erscheint es mir im Rückblick auf Gesprächsfetzen, als unreif, unberechenbar, polternd und aufprotzend, sein militaristisches Getue war ihm zuwider. Eine Alleinschuld des Hohenzollern am Kriege, wie sie ihm die Sieger aufnötigen wollten, hat er nie hingenommen, wenngleich er bei seinem Urteil blieb, eine energische Einflußnahme im Sinne der Mäßigung auf den Verbündeten in Wien hätte den Krieg verhindern können. Ich habe meinen Vater als einen Mann in Erinnerung, der den Zeitläuften, auch den späteren, mit großer Distanz, ohne Leidenschaft, aber nicht ohne Nostalgie, mit einer gewissen Traurigkeit gegenüberstand. Er neigte zu philosophischer Melancholie.

Wie empfand er nun die neue Lage, und wie stand er zur Weimarer Demokratie? Seiner badischen Heimat hatte er endgültig den Rücken gekehrt und sich einen kleinen Besitz in der preußischen Rheinprovinz, in den Bergen der Eifel unweit der moselländischen Heimat seiner Frau, erworben. Von hier aus betrieb er den zweiten Beruf seines Lebens, zu dem sich der General a.D. die Grundkenntnisse rasch auf der landwirtschaftlichen Fakultät in Bonn-Poppelsdorf erworben hatte.

Er hatte Zeit und Muße, die Dinge in Berlin und Potsdam aus gesicherter Distanz zu beobachten. Er korrespondierte viel mit Bekanntschaften aus den früheren Jahren, um sich ein abschließendes Bild über die Entwicklung zu machen, die zur Katastrophe von 1914 geführt hatte. Auch sein Zeugnis war gefragt. Eine meiner Kindheitserinnerungen ist ein schmales Heftchen, das er regelmäßig bezog und aufmerksam las. Es trug den Titel "Die Kriegsschuldfrage" und befaßte sich mit den Gründen, die gegen oder für eine alleinige deutsche Schuld am Zustandekommen des Ersten Weltkrieges sprachen. Der Versailler Vertrag hatte eine solche deutsche Schuld im Artikel 231 festgeschrieben, unter ultimativem Druck und gegen den Protest der Reichsregierung. Die Alliierten brauchten eine moralische und vertragliche Rechtfertigung für ihre Reparationsforderungen. Mein Vater war empört und hat sich, wie die überwiegende Mehrheit der Deutschen, niemals mit dem "Schanddiktat" abgefunden.

Die Franzosen standen im Land. In der kleinen Stadt Wittlich, zwei Kilometer von seinem Gut entfernt, hielten sie Garnison. Wir haßten sie. Mein Vater schimpfte, daß sie "wieder einmal die Saaten verwüstet" hatten. Ihre Manöver führten regelmässig an unserem Hof vorbei. Noch heute sehe ich die feindlichen Soldaten in ihren himmelblauen Mänteln, ihren ovalen, von einer "crinière" geschmückten Helmen und ihren überlangen, von einem Seitengewehr überragten Gewehren, an mir vorbeiziehen. Kleine geduckte Südfranzosen, stämmige Burschen aus der Bretagne, oder baumlange Neger aus dem Senegal, die mich mit ihren blitzend weißen Zähnen angrinsten, wenn ich vorsichtig vor ihnen zurückwich.

Ich erinnere mich eines Witzes, den mein Vater gerne erzählte. Ein alter Herr wird auf einer Straße in Koblenz von einem Neger auf die andere Straßenseite verwiesen. Empörter Ausruf des Zurechtgewiesenen: "Und für Dich habe ich in meiner Jugend Staniolpapier gesammelt!" In der Tat, deutsche Kinder sammelten vor dem Krieg "Silberpapier" für die armen Negerlein.

Mein Vater "beschäftigte" sich nicht mit Politik. Auf langes Drängen der Veteranen des Kreises Wittlich hatte er den Vorsitz des "Kyffhäuservereins", eines unpolitischen Zusammenschlusses ehemaliger Kriegsteilnehmer, übernommen. Da er Nichtraucher war, schimpfte er über den Tabakgeruch, mit dem die langen Sitzungen des Vorstandes seine Gewänder imprägniert hatten. Es ging hauptsächlich um die soziale Absicherung der Mitglieder. Nebenher nutzte er seine Beziehungen zu einigen Kommandeuren der neuen Reichswehr, um Bauernburschen aus der Umgebung zur Annahme als Freiwilliger in der streng begrenzten Truppe zu verhelfen.

Ob er die Weimarer Republik geliebt hat, vermag ich nicht zu sagen. Von den raren politischen Tischgesprächen meiner Eltern und älterer Bruder verstand ich nicht viel. Gewiß gehörte mein Vater nicht zu den rabiaten Gegnern der Re-

25

publik, die die Umstürzler von 1918 als "Novemberverbrecher", ihre Nachfolger in der Reichsregierung als "Erfüllungsgehilfen der Alliierten" beschimpften. Aber die Schwarz-Rot-Goldene Fahne der ersten deutschen Republik hat an dem diskreten, meist von einem blühenden Kirschbaum verdeckten Fahnenmast vor unserem Garten nie geweht. Mein Vater hißte, wenn es sein mußte, die alten kaiserlichen Reichsfarben Schwarz-Weiß-Rot, wobei sein Herz wohl am ehesten dem Schwarz-Weiß seines geliebten Preußen zugeneigt war. Auch mit seinem Kaiser hatte er nicht gebrochen. Ich erinnere mich deutlich eines Namens unter den vielen seiner Korrespondenten, der von Zeit zu Zeit fiel: Herr von Ilsemann, der Privatsekretär des abgesetzten Monarchen im holländischen Doorn.

Den schmerzvollen Geburtswehen des neuen Staatswesens, die sich in konvulsivischen Zuckungen ständig neuer Wahlen äußerten, hat er wohl eher mit Belustigung beigewohnt. Aber er wählte stramm und beständig, und zwar am Sonntag nach der Frühmesse um acht Uhr, sobald die Wahllokale aufmachten. Ich habe ihn oft bei diesem republikanischen Pflichtvollzug begleitet und erinnere mich der achtungsvollen Attitüden der Wahlbeauftragten, wenn der verehrte Herr General das Lokal betrat. Auch wenn er das Wahlgeheimnis selbst seiner Familie gegenüber achtete, wußten wir, welche Partei er gewählt hatte: die "Deutsch-Nationale Volkspartei", in deren Programm er am ehesten die Werte garantiert glaubte, die er aus dem alten in das neue Regime hinübergerettet sehen wollte.

Auszug aus dem Gründungsaufruf der DNVP nach Gerhard A. Ritter: "Die deutsche Revolution 1918/ 19": "Wir sind bereit, und entschlossen, auf dem Boden jeder Staatsform mitzuarbeiten, in der Recht und Ordnung herrschen. Gegen jede Diktatur einer einzelnen Bevölkerungsklasse verwahren wir uns ... Staat und Gesetz, ausgerüstet mit starker Autorität ... müssen ihren schützenden Einfluß im Volks- und Wirtschaftsleben geltend machen, um die nationale Kultur und die soziale Wohlfahrt zu fördern ... Ein lebensvolles Christentum, Ehe und Familie sollen die starken Träger des öffentlichen Lebens sein. Deutsches Wesen und deutsche Art müssen mehr denn je unser ganzes Volkstum erfüllen ...".

Das waren starke Worte. Da steckte die Sehnsucht nach Autorität drin, die die Deutschen seit jeher erfüllt hatte. Das verlangte nach der starken Hand. Man verwahrte sich gegen die Diktatur einer einzelnen Bevölkerungsklasse. Gemeint waren die "Roten", die Proletarier, die Spartakisten, die vor ein paar Jahren Deutschland um ein Haar in einen Rätestaat nach bolschewistisch-russischem Muster verwandelt hätten. Gemeint waren wohl auch die "Sozen", wie mein Vater sie nicht ohne Verachtung nannte, denen man, ihres radikalen linken Flügels wegen, keine wirklich republikanische Standfestigkeit zutraute, obwohl gerade sie es waren, die mit Hilfe der reaktionären Freikorps unter dem Sozialdemokraten Noske den roten Umsturzversuch niedergeschlagen hatten. Und da waren schließlich klare Bekenntnisse zum Christentum, zu Ehe und Familie, und zur "deutschen Art", zur "nationalen Kultur", zum "starken deutschen Volkstum", alles Begriffe, die verborgene Saiten in der romantischen deutschen Seele zum Schwingen brachten. Begriffe, die nicht nur von den Deutschnationalen mit Beschlag belegt wurden, wie man bald sehen konnte.
Daß sich die Partei ausdrücklich für den Schutz des Privateigentums gegen "den geplanten Eingriff der Sozialdemo-

kratie" und die Achtung des Grundsatzes der Privatwirtschaft unter Ausbau des Genossenschaftswesens einsetzte, fand die ungeteilte Zustimmung meines Vaters.

Für den ersten Reichspräsidenten, den Sozialdemokraten Friedrich Ebert, empfand mein Vater eine gewisse Sympathie. Sie beruhte wohl nicht zuletzt auf der landsmannschaftlichen Zugehörigkeit des neuen Staatsoberhaupts. Ebert war ein Sattlermeister aus dem badischen Heidelberg, hatte es also sogar mit Pferden zu tun gehabt, der animalischen Kategorie, der mein Vater leidenschaftlich zuneigte. Mehr aber noch beeindruckt hatte ihn Eberts gemäßigte Haltung an der Spitze der Sozialdemokratie während des Konflikts und in den Krisenmonaten des Kriegsendes, sein ausgeglichenes Wesen in der Auseinandersetzung mit dem politischen Gegner, ja seine vorübergehende Neigung, eine monarchische Staatsform unter einem Hohenzollern-Enkel beizubehalten. Kein Zweifel aber: als Ebert 1925 von dem greisen Feldmarschall Hindenburg abgelöst wurde, sah mein Vater das Reich, das Land und die widerwillig akzeptierte Republik nach innen und außen in gesicherten Händen. In den Händen eines verdienten Dieners des Vaterlandes, eines treuen Gefolgsmanns des Kaisers, eines würdigen Nachfolgers des letzten Monarchen, eines "Ersatzkaisers", ausgestattet mit Vollmachten, die jeden Übergriff einer einzelnen Partei oder Interessengruppe, jede Rückkehr zur Macht der Linken verhindern würden.

Ich habe das Privileg genossen, dem alten Herrn die Hand zu drücken. 1930 waren die Franzosen nach 12jähriger Besetzung aus dem Rheinland abgezogen, und Hindenburg kam nach Koblenz und Trier um sich von der "befreiten" Bevölkerung feiern zu lassen.

Auf halbem Wege zwischen beiden Städten liegt Lieser mit dem weiträumigen Haus meiner Großmutter Schorlemer am Ufer der Mosel, in dem ich das Licht der Welt erblickt hatte. Hier machte Hindenburg Station. Meine Großmutter war eine Freundin des Kaisers gewesen, der einige Male bei ihr Besuch gemacht hatte. Vom nahen Kreuznach aus war Hindenburg als Chef der Obersten Heeresleitung vor Kriegsende zuweilen in Lieser gewesen. Nicht ohne Rührung betrat er nun 12 Jahre später wieder den bekannten Boden.

Wir waren alle, Orgelpfeifen gleich, in Reih und Glied angetreten und brüllten auf Kommando meines ältesten Bruders einen schmetternden Begrüßungsruf, der den Sieger von Tannenberg bis in den weiträumigen Salon meiner Großmutter begleitete. Hier wurde ich einige Zeit später zur Audienz zugelassen. Hindenburg saß zwischen meinem Vater und meiner Mutter auf einem Ohrensessel und streckte mir die Hand entgegen. Auf seine Frage, was ich denn werden wollte, antwortete ich, der Einflüsterung meiner Mutter folgend: "Soldat!" Ich habe Wort gehalten. Eine andere Antwort war gar nicht möglich und lag gewiß nicht parat. Herkunft, Zeitläufte, Stimmung standen dem entgegen. Die Reise des Präsidenten war tragisch überschattet. Auf dem Rückweg stürzte eine überfüllte Brücke in Koblenz ein und riß viele Menschen in den Tod.

Etwa ab Mitte der zwanziger Jahre begann mein Vater im Rundfunk auf einen Mann zu hören, dessen Partei und dessen Stimme sich in den Vordergrund der politischen Auseinandersetzung zu drängen begonnen hatte. Ich sehe ihn noch vor mir in einer Ecke des Wohnzimmers, das schwerhörige Ohr an den Lautsprecher gepresst, der damals noch durch eine lange Schnur mit dem Empfänger verbunden war. Aus dem Lautsprecher drang eine Stimme, die dem Umfang nach zwar die Phon-Stärke damals üblicher politischer Proklamationen einhielt, sich aber durch ihre Melodiosität, ihr gelegentliches donnerndes Grollen, ihre plötzliche Steigerung und wieder brüske Zurücknahme, kurz durch eine gänzlich ungewöhnliche Dramatik und Theatralik von denen aller anderen Politiker unterschied.

Mein Vater lauschte dieser Stimme mit einer Mischung aus Verblüffung, Amüsement und Abscheu. "Der Kerl kann gar kein Deutsch" brummte er zuweilen kopfschüttelnd. Manchmal schneuzte er sich vernehmlich, stets Anzeichen einer gewissen Rührung seines Inneren. Wir wußten bald, wann es zu solchem Rückgriff auf das Taschentuch kommen würde: jedesmal, wenn die Stimme gegen den Versailler Vertrag, gegen die Willkür der Sieger, gegen die Kettung Deutschlands, die man sprengen werde, wetterte. Ich erinnere mich, wie er einmal sagte: "Er hat geschickt die Engländer gegen die Franzosen ausgespielt". Ohne den Sinn des Satzes verstanden zu haben, vermute ich heute, daß er sich hier der Ansicht seines verehrten und bewunderten Nachbarn, des ehemaligen Staatssekretärs Stresemanns Carl von Schubert auf Grünhaus bei Trier, angeschlossen hatte, der die Lösung der wirtschaftlichen Probleme des Reiches, vor allem der Minderung der Lasten der Reparationen, in einer stärkeren Hinwendung zu England sah.

Ansonsten spürte er nicht die geringste Neigung, sich von den Versprechungen des Mannes mit dem rollenden österreichischen Akzent und den verkorksten Satzwendungen einfangen zu lassen oder sich gar seiner Partei zuzuwenden.

Diese Partei, die "Nationalsozialistische Deutsche Arbeiterpartei", hatte gegen Ende der zwanziger Jahre auch in Preussen, und damit im Rheinland, immer mehr Fuß gewonnen. In unserer kleinen Stadt Wittlich traten bei Umzügen und Wahlveranstaltungen die ersten "Braunhemden" auf. Sie gaben sich vaterländisch, völkisch, sozial, und vor allem antisemitisch, was bei der kleinen Anzahl von Juden in der Stadt nicht weiter Wirkung machte. Bei Tisch begann man nun über diese neue Bewegung zu sprechen, "diesen Hitler" etwas ernster zu nehmen. Aber nur bei Tisch. Mein Vater blieb bei seiner vollkommenen politischen Abstinenz, ging nie auf irgendwelche Parteiveranstaltungen, studierte keine Parteiprogramme, las das neutrale "Wittlicher Tageblatt" und den christlich betonten "Trierischen Volksfreund" und verwaltete seinen landwirtschaftlichen Besitz. Seine Freizeit widmete er der Jagd, wobei er, seinem Temperament entsprechend, auf langen Abendansitzen die politischen Zeitläufte mit sich allein besprochen haben mochte.

Niemand konnte den Braunhemden und ihrem dröhnenden Führer im fernen Berlin oder München indes vorwerfen, die Deutschen im Unklaren über ihre Ziele gelassen zu haben. Schon im Programm der "Deutschen Arbeiterpartei", am 5. Januar 1919 gegründeter Vorläufer der NSDAP, war die Richtung klar angezeigt. Die Partei durfte nur "von deutschen Führern" geleitet werden, die die "nationalen Notwendigkeiten als höchsten Programmsatz gelten lassen" würden. Man wolle die "Adelung" des deutschen Arbeiters, dem, unter Anerkennung des Großkapitals als Brot- und Arbeitgeber, ein "menschenwürdiges Dasein" und Schutz vor "rücksichtsloser Ausbeutung" zu garantieren seien. Wer aber war denn der Ausbeuter? Hier wurde alle Klarheit restlos beseitigt.

Die DAP kämpft mit aller Kraft gegen Wucher und Preistreiberei. Gegen alle diejenigen, die keine Werte schaffen, die
ohne jegliche geistige oder körperliche Arbeit hohe Gewinne
machen. Der Kampf gilt den Drohnen im Staate, das sind zum
größten Teil die Juden; sie leben einen guten Tag, sie ernten,
wo sie nicht gesät haben. Sie beherrschen und regieren uns
durch ihr Geld. Deutschland und sein ganzes Volk war diesen
Drohnen nur eine Spekulation, ebenso ihr Schlagwörterwesen
in den Parteien. Viel geredet, nichts getan. Die DAP huldigt
dem Grundsatz: wer nicht arbeitet, soll auch nicht essen ...
Wir wollen nur von Deutschen regiert sein; Ausländer und
Juden regieren uns nur im eigenen Interesse oder im Interesse
eines fremden Staates ... Es soll dieses Gesetz (ein Gesetz für
die Presse aller Länder) durch Bestrafung aller wissentlich un-
wahr verbreiteten Nachrichten eine Völkerverhetzung, wie
dies im Weltkrieg der Fall war, unmöglich machen ..."

An der Abfassung dieses Programms war, neben dem Grün-
der, dem Schlosser Anton Drexler, vermutlich auch Adolf
Hitler - damals arbeitsloser Kriegsteilnehmer in München -
beteiligt, wenngleich er der Partei erst im September des
gleichen Jahres beitrat. Erinnert man sich der rauchigen Phraseologie der Hitlerschen Programm-Broschüre "Mein Kampf"
- aber wer erinnert sich schon, wer hat sie überhaupt gelesen -,
so trägt dieses Elaborat eindeutig die Handschrift des Fana-
tikers aus Braunau. Schlimmer noch: alles, was die Juden
später zum Freiwild machte, sie dem Volkshaß preisgab, sie
schließlich Insekten gleichstellte und der Vernichtung über-
antwortete, ist in den Sätzen des Parteiprogramms der DAP
und späteren NSDAP enthalten. Aber wer las es schon? "Wer
nicht arbeitet, darf nicht essen"...- "Arbeit macht frei" stand,
zynisch, über den Eingangstoren der Konzentrationslager. Die

romantische Verklärung der Arbeit, die "Adelung des Arbeiters" (man hört das Rauschen der Gewänder Wagner'scher Helden) auf der einen Seite, auf der anderen der Wucher, die Preistreiberei, die Spekulation, das leichte Geld, das Interesse fremder Staaten, das Drohnentum. Viel geredet, nichts getan. Man weiß, wer gemeint ist. Die Leute, die herumstehen und viel reden (mit den Händen noch dazu), aber nichts tun. Volksschädlinge, Drohnen, die in einem Bienenstaat nichts zu suchen haben. Ausrotten. Vernichten. Dunkle, unheildrohende Proklamation. Blasen, aufsteigend aus dem Urschlamm der germanischen Seele.

Aber ich greife voraus. Mein Vater hatte, wie gesagt, das Parteiprogramm der NSDAP nie studiert, sich gleichwohl der Mühe unterzogen, Hitlers "Mein Kampf" näher in Augenschein zu nehmen und es, wie meine Schwester sich erinnert, mit ausgiebigen Randbemerkungen zu versehen. ("Alles Mist!" oder "Stimmt nicht!") Die seltene Früh-Ausgabe des Pamphlets wurde im März 1945 von den einrückenden Amerikanern mitgeführt. Was er, oft in Empörung, an den Rand gekritzelt hatte, behielt er für sich.
Er schwieg, und er beobachtete. Er sah, wie in seiner kleinen Stadt Wittlich die Lehre um sich zu greifen begann. Wie die Schlagworte Eingang in die Gehirne fanden. Volksgemeinschaft. Blut und Boden. Führerstaat. Wehrhoheit. Die Fahne hoch, die Reihen fest geschlossen. Der Friseur gegenüber von der Post, der Groß-Lebensmittelhändler nebenan, der Gastwirt etwas weiter zum Bahnhof hin, der Großbauer gegenüber der Kirche, der Bäcker nebenan hißten die rote Fahne mit dem schwarzen Hakenkreuz im weißen Kreis, wenn es zu flaggen galt, am Reichsgründungstag, am Sedantag, am Tag der Arbeit. Die Umzüge der Braunhemden mehrten sich, ihre Reihen

wurden dichter, fester geschlossen. Die Kinnbacken, einge-
schnürt in den Kinnriemen, wurden straffer. Das Kinn zeigte
zunehmend nach oben. Und am Straßenrand stand das Volk
der Wittlicher, brave, einfache, ehrliche, katholische Leute
von der Eifel und der Mosel, Bauern, Handelstreibende und
Winzer, und schaute dem Vorbeimarsch zu, freudig erregt im
Herzen oder mulmig um die Därme.

Es dauerte nun nicht mehr lange, und die Machtergreifung war
da. Die letzten Monate, die ihr vorangingen, sind mir als ein
Kaleidoskop von Wahlereignissen in Erinnerung. Göring hat
in Nürnberg ausgesagt, daß es in Preußen und im Reich
zwischen 1925 und 1932 30 Reichstags-, Landtags- und
Präsidentschaftswahlen gegeben habe, an denen sich 37
Parteien beteiligten. Diese Zahl hatte sich gegen Ende hin
dramatisch verdichtet. Jedesmal, wenn ich zur Kirche ging,
watete ich förmlich in Wahlplakaten, die abzureißen oder zu
beseitigen offenbar niemand mehr die Zeit gefunden hatte. Ich
weiß nicht mehr, ob ich darin ein besonders ermutigendes
Zeichen für die Stärke der Demokratie in meinem Lande sah.
Ich hatte wohl eher den Eindruck, daß große Verwirrung
herrschte, und daß niemand mehr recht wußte, wo ihm der
Kopf stehe. Kam mir mit meinen knapp 10 Jahren damals der
Gedanke, daß in diesem Tohuwabohu nur ein Mann wie ein
Fels aus der Brandung ragte: Adolf Hitler und seine Braun-
hemden?

Meine Eltern hatten dem hektischen Geschehen in Berlin in
der letzten Hälfte des Jahres 1932 mit zunehmender Erregung
beigewohnt. Den Folgen der Weltwirtschaftskrise mit der
radikalen Zunahme der Arbeitslosenzahlen, den sich jagenden
Präsidialkabinetten zwischen dem Abgang Brünings und der

Verabschiedung Schleichers. Fels in der Brandung war für sie der greise Feldmarschall im Berliner Präsidentenpalais, wenngleich sie gezweifelt haben mögen, ob das Steuer des Reiches bei ihm noch in sicherer Hand war. Es gab da einen windigen, schwer zu beurteilenden Gschaftlhuber in der Berliner Szene, dessen Treiben meine Eltern mit einer Mischung aus Belustigung und Mißtrauen zuschauten, besonders seit im rheinischen Klüngel durchgedrungen war, daß er sich mehrfach irgendwo zwischen Rhein und Ruhr mit dem Führer der NSDAP getroffen hatte. Wir Kinder nannten ihn "Onkel Fränzchen", was schon auf den wenig erhöhten Grad von Achtung hinwies, den wir ihm entgegenbrachten. Er war sehr weitschweifig mit meiner Mutter verwandt, hatte eine Boch aus der saarländischen Fayencerie-Dynastie zur Frau und kam uns manchmal besuchen. Einmal hatte er sich verfahren und war querfeldein zu Fuß über einen Bachgrund zu uns vorgedrungen, was mir das Privileg einbrachte, dem Herrn Reichskanzler die Schuhe reinigen zu dürfen.

Franz Papen wog nicht schwer im Urteil meines Vaters. Er wird sich gegen den Vorwurf, Hitler als Steigbügelhalter zu dienen, in den gelegentlichen Unterhaltungen zwischen beiden Männern verwehrt haben. Seine spätere Haltung dem Regime gegenüber hat mein Vater ihm nie verwunden. Trotzdem mögen einige Hoffnungen mit seiner Person am Ende der Weimarer Republik verbunden gewesen sein. Am 30. Januar 1933 begegnete ich auf dem Rückweg von der Schule gegen Mittag Gretchen, der kessen blonden Tochter unseres Schweizers. "Weißt Du schon, daß der Adolf an der Regierung ist?" fragte sie mich. Ohne zu antworten, stürmte ich nach Hause. Im Wohnzimmer stieß ich auf meine Mutter. Auf meine bestürzte Frage, ob das, was mir Gretchen erzählt hatte, wahr sei, kam die Antwort: "Ja, leider. Aber wir hoffen, daß Onkel Franz noch das Schlimmste abwenden kann."

Diese mir unvergeßliche Antwort meiner Mutter weist für mich im Nachhinein darauf hin, daß wir zu Hause nicht zu denen gehörten, die nun mit fliegenden Fahnen zum neuen Reichskanzler überliefen. Im wörtlichen Sinne hat die Haken- kreuzfahne auch nie, wenn ich mich recht erinnere, von unserem Gartentor geweht. Mein Vater blieb beim Schwarz- Weiß-Rot seines Kaisers oder vermied es, Farbe zu zeigen. Man wartete ab, wie sich "der Neue" gebärden würde, und vertraute auf die paar Konservativen im neuen Kabinett, die den Mann schon bremsen würden. Darunter auch "Onkel Fränzchen", der sich nun am Ziel seiner Wünsche wußte.

In seinem Buch "Die verdammte Pflicht" erzählt Alexander Stahlberg, der damals aushilfsweise als Privatsekretär bei Papen in dessen Berliner Dienstwohnung diente, wie Papens eigene Frau, Marthe von Boch den Wechsel empfand. "Als ich am 30. Januar, von der Universität kommend, mit den Zeitun- gen des Tages die Wohnung betrat, fand ich die Tür zum großen Salon hin offen. An der Glastür zur Gartentreppe stand Frau von Papen und rief, sich zu mir umwendend: "Kommen Sie, Herr Stahlberg, kommen Sie schnell und schauen Sie! Dort gehen sie." Ich schaute hinunter in den Garten, in dem noch eine dünne Schneedecke lag. Gerade verschwanden die letzten vier oder fünf in feierliches Schwarz gekleideten Her- ren durch die Tür zum linken Nachbargrundstück. Wahrhaftig durch die Hintertür, wie später so oft gesagt worden ist. "Jetzt werden sie beim alten Hindenburg ihren Eid leisten, sagte Frau von Papen. Ihre Stimme zitterte. Nach einer langen Pause

- sie sah noch immer zu der Gartenpforte - sagte sie leise vor sich hin: "Oh mein Gott, oh mein Gott, ich habe Angst."

Die in feierliches Schwarz gekleideten Herren repräsentierten die neue, von Hitler angeführte Regierung, die sich vorher in der Wohnung ihres Wegbereiters eingefunden hatte, um letzte Stäubchen von den ungewohnten Bratenröcken zu klopfen. Stahlberg: "Etwas später betrat Frau von Papen mein Büro, um zu sagen, die neue Regierung sei soeben vereidigt worden. Ihr Mann habe es ihr am Telefon mitgeteilt. Ich hatte sie vorher noch gefragt, ob ich ein Telegramm aus München, in dem ein Freund Papen beschwor, eine Regierungsübernahme Hitlers zu verhindern, ihrem Mann nachtragen sollte. 'Nein, es ist zu spät' antwortete sie. 'Es würde auch nichts mehr nützen. Mein Mann ist fest entschlossen.' Dann wandte sie sich ab, und ich sah, daß sie weinte."

Meine Eltern waren also nicht allein, wenn sie ahnten, daß Unheil schwangerte über Deutschland. Auch viele andere ahnten es. Freunde, Verwandte, landein, landab. Aber das änderte sich bald. Man begann, Bedenken zurückzustellen. Die neuen Herren gebärdeten sich nicht wie Wilde, noch nicht. Es gab Aufschwung. Es gab Arbeit. Es gab Gleichschaltung. Es gab Volksgemeinschaft und Suppe für die Bedürftigen im Winterhilfswerk. Es gab plötzlich wieder Wehrhoheit und allgemeine Wehrpflicht. Und, oh Wunder, es gab wieder Soldaten, deutsche Soldaten in schmucken Uniformen und blankgewienerten Stiefeln auf unserem linken Rheinufer, welches solches seit 1918 nicht mehr gesehen hatte. Jedesmal, wenn ich einem solchen Soldaten begegnete, riß es mich vor Stolz zusammen. Welch herrliches Bild! Welch frische Luft. Welch neue Zeit.

Mein Vater blieb reserviert, wenngleich die Ankunft deutscher Bataillone an Lieser und Mosel sein Herz mit Stolz und Freude erfüllt haben dürfte. Meine Mutter dagegen befand, wie viele, daß man bei der neuen Sache mitmachen müßte. "Try to make the best of it" sagte sie im englisch des Kinderfräuleins ihrer fernen Kindheit. Versuchen wir, aus dem Unabwendbaren das Beste zu machen. Sie trat, ziemlich bald, der NS-Frauenschaft bei, einer der vielen "Organisationen", in die die Nationalsozialisten das Volk zerschnitten hatten. Das entsprach ihrem Temperament, zuzupacken und vorzumachen. Der Versuch dauerte nicht lange. Eines Tages legten die neuen Machthaber Hand an die religiösen Schulen im Lande, darunter das kleine Lyzeum der Ursulinen auf dem meine Schwester die Ur-Begriffe höherer Zivilisation erlernte. Meine Mutter protestierte und wurde von einem Parteigericht aus der Frauenschaft ausgestoßen.

So mag es vielen ergangen sein, die sich von dem neuen Wind in Deutschland hatten erfassen und in höhere Gemütserregungen davontragen lassen. Viele landeten unsanft nach kurzem Höhenflug auf dem vertrauten Grund des kritischen Rationalismus und verschwanden, wie man nach 1945 gerne beteuerte, in der "inneren Emigration". Der kleinere Teil allerdings blieb fanatisch bei der Stange, diente den neuen Herren bis zuletzt und verscharrte erst kurz vor Ankunft der "Befreier" die schwarzen und braunen Uniformen der Reiter-SS-Standarte oder des NS-Kraftfahrkorps (bitte, sowas gab's) im Walde.

Ich selbst ging in die Hitlerjugend, natürlich, und keineswegs gepreßt, wie man hinterher gerne sagte. 1934 gab es noch keinen Druck. Aber es gab die Begeisterung, es gab die Vorbeimärsche, die Appelle, die nicht endenden Beschwörungen des Vaterlandes und der neuen Zeit, das Scharen um die Fahne, die Trommeln und die Pfeifen, die kernigen Marschgesänge, deren Texte das Gute und das Böse einschlossen, die deutsche Wandervogelromantik und den Rassenhaß. Ich wurde Trommler im Spielmannszug und hätte eine vorzügliche Vorlage für Günter Grass abgegeben. Mein Führer war, nach dem Großen in Berlin, der Sohn unseres Musikwarenhändlers, der es später, nach der Katastrophe, zum angesehenen Leiter des städtischen Chors brachte. Nur einmal kamen mir Zweifel an der sittlichen Integrität der Bewegung, der ich mich angeschlossen hatte: als zwei oder drei meiner Kameraden einen jungen Menschen brutal zusammenschlugen, der es gewagt hatte, unseren feierlichen Morgenappell mit dem Ruf "Heil Moskau!" zu unterbrechen. Das paßte nicht in meinen Moral-Kodex. Das war einfach scheußlich und geeignet, auch einem Elfjährigen anzuzeigen, wohin die Richtung unter den neuen Alleinherrschern gehen würde.

Mein Vater blieb Vorsitzender des Kyffhäuser-Vereins und damit Chef der "Alten Frontkämpfer", einer Kategorie, die die Achtung der Nationalsozialisten genoß und nicht sofort "gleichgeschaltet" worden war. Sie trugen keine Hakenkreuz-Armbinden und kein Parteiabzeichen, sondern exhibierten ihre Kriegsauszeichnungen, was sie nahezu zu Unantastbaren machte. Aber sie mußten natürlich an jeder der vielen vaterländischen Veranstaltungen teilnehmen, die die Braunhemden zu einem ihrer Machtmittel gemacht hatten. Und hier konnte mein Vater eines Abends das bißchen Standfestigkeit oder einfach Menschlichkeit zeigen, das die Juden, Hauptopfer des Rassenirrsinns der Nazis, dazu veranlaßte, den wenigen, die sie bewiesen hatten, später ihren Dank zu zollen.

Es war wieder einmal zum Appell gerufen worden. Mein Vater, in der Uniform eines Generalmajors der kaiserlichen Armee, befehligte den kleinen Trupp der Veteranen, als sich plötzlich ein Braunhemd näherte, auf zwei Teilnehmer in den Rängen deutete und sagte: "Juden haben hier nichts verloren. Die müssen raus!"

Unter den vier- oder fünfhundert Wittlichern jüdischen Glaubens hatten viele am Ersten Weltkrieg teilgenommen und waren teils hoch dekoriert nach Hause gekommen. Selbstverständlich gehörten sie dem Kyffhäuser-Verband an.

Mein Vater schickte den Mann zu seinen Auftraggebern zurück mit der Drohung, er werde mit seinem Trupp sofort die Veranstaltung verlassen, falls den jüdischen Frontkämpfern die Teilnahme verweigert werde. Da er meist auch irgendetwas zum vaterländischen Anlaß sagen mußte, gaben die Braunen nach, und der jüdische Pferdehändler Dublon und sein Vetter, ein Kolonialwarenhändler, blieben an diesem Abend dabei.

Oh, das reicht nicht zu einem Bäumchen am Weg nach Yad Vashem. Mein Vater konnte so etwas in seiner Generalsuniform ziemlich risikolos tun. Er hat uns das nie erzählt, ich erfuhr es erst 1995 vom Sohn unseres damaligen Hufschmieds, der als Bub dabeigestanden hatte und noch heute den Hut zieht. Ja, warum? Weil er, wie ich, 60 Jahre später weiß, daß man vielleicht - damals, so um 1935 herum, den Anfängen noch hätte wehren können. Wenn nicht nur der alte General, wenn auch der Großlebensmittelhändler, der Sägewerksbesitzer, der Chefchirurg des Krankenhauses und der

Herausgeber der örtlichen Zeitung protestiert hätten, wenn sich jemand über einen Juden hermachte, ja wenn ...

Statt dessen druckte der Herausgeber des örtlichen "Wittlicher Tageblattes" im Jahre 1935, dem Jahr der Nürnberger Rassegesetze der Nazis, folgenden Artikel in seinem Blatt ab, den ich auszugsweise dem 1992 erschienenen Katalog zu einer Dauerausstellung "Jüdisches Leben in Wittlich" in der dort wiedererrichteten Synagoge entnehme:

"...Wieder hat ein Jud in seiner lechzenden Begier nach Schändung des weiblichen Geschlechts und der ihm artmäßig turmhoch überlegenen Rasse es fertig gebracht, ein Opfer in sein Netz zu bekommen und mit ihm sein widerliches Spiel zu treiben. Dieser Jude stammt aus dem Kreise Wittlich. Er ist eine als Schürzenjäger weithin bekannte, ganz besonders saubere Marke. Siegfried Dublon heißt dieses Ferkel, das sich zu nächtlicher Stunde in Trier mit einer Weibsperson herumtrieb, um sie dann in sein Garn zu locken, sie mit dem Geifer seiner Rasse zu besudeln. Frühzeitig genug konnte, dank der Wachsamkeit eines intelligenten Volksgenossen, dieser Jude "in flagranti" ertappt und sofort festgenommen werden ..."

Siegfried Dublon war auf dem Weg zum Bahnhof in Begleitung einer ihm bekannten Wittlicherin gesehen und von dem "wachsamen" Denunzianten gemeldet worden. Der Artikel warnt anschließend die "Weibsperson", solches in Zukunft füglich zu unterlassen. "Selbstverständlich reden wir dieser art- und selbstvergessenen Person, die sich mit einem solch schmierigen Juden abgibt, beileibe nicht das Wort. Auch sie müßte eine exemplarische Belehrung erhalten, daß es ihr vergehen würde, an einen Juden auch auf nur zehn Meter

Entfernung heranzutreten. Denn eine solche Lektion wäre nicht so beschämend und erniedrigend als die Schmach, die ihr dieser jüdische Schweinehund Dublon angetan hat. Daß jener seiner gerechten Strafe, nachdem er vorläufig in Schutzhaft genommen ist, in Bälde zugeführt werden wird, sind wir gewiß."

Der Artikel, in der damals üblichen gotischen Schrift gedruckt und mit einem besonders abstoßenden Photo Siegfried Dublons versehen, trägt die Überschrift: "Wieder ein jüdischer Rasseschänder dingfest gemacht", und endet mit folgender Belehrung der Bevölkerung: "Immer wieder muß die Bevölkerung auf Gefährlichkeit jeglichen Verkehrs, gleichviel in welcher Art, mit Juden beiderlei Geschlechts hingewiesen werden. Es ist ein besonderes Verdienst des antisemitischen Programms unserer nationalsozialistischen Bewegung, endlich, endlich nach langen, schmerzlichen Zeiten jüdischer, hohnlachender Unterdrückung, Ausbeutung und Schändung, dem Staate jene Machtmittel in die Hände gegeben zu haben, die geeignet sind, ein für allemal mit dem satanischen Treiben solchen jüdischen Packs radikal aufzuräumen."

Wie in einem Prisma ist in diesem Dreispalter des Lokalblattes von Wittlich, erschienen im Jahre III der NS-Machtergreifung, das vademecum enthalten, das wenige Jahre später zum größten Verbrechen aller Zeiten führen sollte: Diffamierung, Aussonderung, Drohung, Auslieferung an die vindicta. Was ging in den Köpfen der Menschen vor, die solches lasen? Für die 400 Juden der Gemeinde Wittlich war es das anbrausende Galoppieren der apokalyptischen Reiter. Für die anderen hätte es dies auch sein müssen. Aber es war es offensichtlich nicht. Sie nahmen es hin, wenn auch in innerer Empörung und Terrorisierung, sei es. Wenn aber, ja wenn ...

Die Franzosen haben ein hübsches Sprichwort. "Avec des 'si', on mettrait Paris sur la queue d'une souris". "Mit den Wenn's könnte man ganz Paris auf dem Schwanz einer Maus unterbringen." Könnte man also auch die ganze unselige Geschichte des Dritten Reichs umkrempeln. Lassen wir das also ...

Das also waren die Kagenecks in Blumenscheidt bei Wittlich in der Eifel in der Mitte der Dreißiger Jahre, wenige Zeit nach der Ankunft des Arturo Ui an der Macht. Dieser hatte das willige deutsche Volk inzwischen mit kraftvollen Drehungen durch den Fleischwolf seiner Ideologie gedreht und schickte sich nun an, mit dem Gehackten seine Welteroberungsphantasien zu verwirklichen.

Wir steckten wie alle anderen 80 Millionen Deutschen mitten drin. Zeitweilig waren wir fünf Brüder der Indoktrinierung hinter den Mauern des Aloisius-Kollegs der Jesuiten in Bad Godesberg entzogen, wo wir Latein und Griechisch büffelten und jeden Morgen der Heiligen Messe beiwohnten. Wer das Studium hinter sich gebracht hatte, ging ... ja, wohin wohl? Zum Militär.

Das war nicht nur eine Frage der Tradition. Das Militärische war nicht sehr verbreitet in der Familie. Mein Vater war eine der Ausnahmen in der Ahnenreihe. Der Grund war ein anderer. Deutschland hatte sich unter den Nationalsozialisten in ein Land von Uniformträgern verwandelt. Man mußte, wollte man der Massen-Reglementierung einigermaßen entkommen, die beste unter ihnen aussuchen. Und das war nun einmal der

Graue Rock, auch, wenn er auf der rechten Brust-Oberseite den Reichsadler mit dem Hakenkreuz in den Klauen trug. Hier, in den Reihen der Wehrmacht, in den alten, glorreichen, traditionsbewußten und meist sehr adeligen Regimentern glaubte man sich des Zugriffs der "Braunen" sicher. Hier konnte man, so schien es, dem Vaterland auf saubere Weise dienen, selbst wenn es in die Hände von Leuten gefallen war, die einem nicht recht paßten, und deren abenteuerliche Politik zunehmend Schwindelanfälle hervorrief.

Bei den höchsten Vorgesetzten gab es nicht die geringsten Bedenken. Das waren alles Generale des Großen Krieges, Soldaten, die mein Vater noch erlebt hatte, Heerführer des Kaisers, Männer, die sich nach 1918 um die neue Reichswehr verdient gemacht hatten, und stramme Patrioten im Kampf gegen die Schmach von Versailles. Nur wenige hatten sich, so schien es, vor den Karren der Nazis spannen lassen, wie der "alte Mackensen" in seiner schwarzen Leibgardehusaren-Uniform, abgestempelt zum Paradepferd nationalsozialistischer Zirkusveranstaltungen. Hier war Sauberkeit, Unbestechlichkeit, hier herrschte preußisch-deutscher Geist und die Schlieffensche Devise des "Mehr sein als scheinen". Man trug, das sagten ja sogar die Nazis, "das Ehrenkleid der Nation", und grüßte durch Handanlegen an den Mützenrand.

Und so hatten wir Brüder denn ab 1936 die Reihen der neuen Wehrmacht bereichert, bei den Reitern in Potsdam und Paderborn die einen, bei den Artilleristen in Düsseldorf und bei Görings neuer Jagdfliegerei die anderen. Als Jüngster trat ich erst 1939 dem Kavallerieregiment in Bamberg, Stauffenbergs Regiment, bei, aber da hatte der Orlog bereits begonnen, den so viele, angesichts des prachtvollen Instruments, das man sich beschafft hatte, herbeigesehnt hatten.

Ja, herbeigeschnt. Denn es war ja eine Reihe von Dingen geschehen, die kein Mensch sich in seinen kühnsten Phantasien herbeigewünscht hätte. Dieser Hitler war doch ein Mordskerl, ein Zauberer, dem einfach alles gelang. Das Rheinland war besetzt worden, ohne daß die Franzosen auch nur einen Finger gekrümmt hätten. Österreich war angeschlossen, das Sudetenland zurückgegliedert, die Rest-Tschechei besetzt worden. Und das waren alles Blümchenkriege gewesen. Bessere Manöver, gerade gut genug um die neuen Soldaten und ihre Waffen im "Ernstfall minus eins" zu erproben. Daß keine der überfallenen Nachbarn uns zum Besuch eingeladen hatte, kam einem gar nicht in den Sinn. Wie denn? Wir waren die neue deutsche Ordnungsmacht in Europa. Da waren Rechnungen von 1918 zu begleichen. Da war diese von den Siegern erfundene Tschechei zu beseitigen, die wie eine Pistole der Franzosen auf Berlin zielte. Und es war ja immer alles gut gegangen, kein Mensch, in London nicht und in Paris nicht, war unserem großen Führer bei dieser berechtigten Abrechnung in die Arme gefallen. Also war er ganz im Recht ...

Irgendwann hatte es einen Betriebsunfall gegeben. Der Reichskriegsminister von Blomberg war unter ehrenrührigem Vorwand in die Wüste geschickt worden, und dem Oberbefehlshaber der Wehrmacht, Fritsch, war es nicht viel besser gegangen. Niemand hatte dagegen protestiert. Man hatte im Gegenteil den Schwanz eingezogen und das Donnerwetter über sich ergehen lassen, zumal man dem Führer Dank schuldete, denn er hatte ein paar Jahre vorher die störende Konkurrenz der SA beseitigt. Nahezu dankbar nahm man auch entgegen, daß nun Hitler selbst den Oberbefehl übernahm. Nach allem, was er bewerkstelligt hatte und weiter zu bewerkstelligen sich anschickte, war er einfach der beste Mann für Deutschland, klarer Fall.

Und so tanzte man von Erfolg zu Erfolg. Auch die Polen, diese Lümmel, würden sich beugen und alles wieder heraus geben müssen, was ihnen die Sieger 1918 an gutem deutschen Land zugeschlagen hatten. Und es sollte doch mit dem Teufel zugehen, wenn sie sich nicht kampflos dem deutschen Stiefel beugen würden.

Kapitel 2

Barbarossas falscher Bart

Eines Tages wurde mir von einem Soldaten der Nachrichten-Staffel unserer Abteilung mitgeteilt, mein Bruder habe aus Orel angerufen und ausrichten lassen, er wünsche mich am nächsten Tage in Kursk zu sehen. Man werde sich um 15 Uhr in der Stadtkommandantur verabreden.

Ich erfragte mir einen 24-stündigen Urlaub bei meinem Kompanie-Chef und fuhr am nächsten Morgen nach Kursk. Als Verkehrsmittel benutzte ich einen Güterzug, der auf der eingleisigen russischen Breitspurbahn zwischen Schtschigry und Kursk verkehrte. Die Fahrtzeit betrug zwei Stunden für die achtzig Kilometer, die beide Städte voneinander trennten. Es war kalt, und es lag hoher Schnee. Man schrieb den März 1942.

In der großen Stadt fragte ich mich zur Kommandantur durch, machte mich mit den Örtlichkeiten vertraut und ging ins Soldatenheim zum Mittagessen. Bis zur Ankunft meines Bruders blieben mir drei Stunden. Nach Einnahme eines frugalen Mahls machte ich mich auf einen Stadtbummel. Meine Division hatte Kursk im November eingenommen und war vor dem großen Frosteinbruch noch 100 Kilometer weiter nach Osten gestoßen, wo General Winter ihr dann jedes weitere Vordringen versagt hatte.

Der Schnee knirschte unter meinen Filzstiefeln. Ich suchte die kleine Straße wiederzufinden, in der wir damals kurze Zeit Quartier bezogen hatten. Wir Offiziere hatten in einem recht ansehnlichen Holzhaus mit einer kleinen überdachten Terrasse und.holzgetäfelten Zimmern im Erdgeschoss gelegen, welches von einem offenbar alleinstehenden, gepflegten älteren Herrn bewohnt wurde. Er hatte mir, in perfektem Deutsch, erzählt, daß zwei seiner Söhne als Offiziere im Feld stünden, er aber seit Beginn der Feindseligkeiten keinerlei Nachricht von ihnen erhalten habe. Als ich ihn nach den Chancen Deutschlands fragte, den Krieg gegen die Sowjetunion zu gewinnen, hatte er mit traurigem Gesichtsausdruck zurückgefragt, ob ich Tolstois 'Krieg und Frieden' gelesen oder den Napoleonischen Winterfeldzug von 1812 studiert hätte. Ich hatte verstanden und drang nicht weiter in ihn.

Aber nun konnte ich das Haus nicht wieder finden. Ich hatte den Stadtkern mit seinen überbreiten Avenuen, seinen Hochbauten aus Beton, seinen Bäckereikompanien, seinen Nachschub-Depots und seinen Feldgendarmerie-Posten bereits weit hinter mir gelassen und irrte durch die engen, verschneiten Gäßchen der Vororte entlang der großen Ausfallstraße nach Fatesh, auf der wir damals eingerückt waren. Sie waren quadratisch angelegt und sahen alle gleich aus, mit ihren geduckten hölzernen Datschas, ihren erhöhten Trottoirs und ihren Ziehbrunnen. Hunde kläfften mir nach. Ab und an begegneten mir dicht vermummte Frauen auf dem Weg zur Wasserstelle. Die städtischen Leitungen mußten eingefroren sein. Die Zeit drängte. Ich mußte die Suche nach meinem russischen Quartierwirt aufgeben und eilends zurück, wollte ich meinen Bruder nicht verpassen.

Dieser stand schon auf dem Perron der Kommandantur und winkte mir von weitem zu. Wir drückten uns stumm die Hand und umarmten uns in unseren schwerfälligen Wintermänteln. Für den Weg von Orel herunter hatte er fünf Stunden gebraucht, allein hinter dem Steuer eines Kraftwagens. "Zwischen hohen Schneemauern. Dauernd wechselnde Fahrbahn. Lange Aufenthalte hinter Nachschubkolonnen."

Clemens war der älteste von uns. Uns beide trennten neun Jahre. Er war Nachrichten-Offizier in einem Panzerregiment, welches im Frühwinter an dem Versuch beteiligt gewesen war, Moskau von Süden aus zu umgehen und von hinten einzunehmen, sich aber bei Tula schon dem Winter und der Übermacht des Gegners hatte beugen müssen und nun in Orel Winterquartier bezogen hatte. Er hatte sich einen Verbindungsauftrag geben lassen und mußte den Stab einer in Kursk liegenden Panzerdivision aufsuchen. Ich begleitete ihn dorthin. Es gab großes Hallo, als wir ankamen. Clemens kannte einige der Offiziere des Stabes. Unter ihnen war einer, den man, seiner kleinen drahtigen Figur wegen, "Spatz" nannte. Ich hatte ihn auf den ausgelassenen Cocktail-Parties des Winter 1940/41 in Berlin kennengelernt, an denen ich als Fahnenjunker von Krampnitz aus teilgenommen hatte. Spatz fiel am Tage darauf, getötet von der Bombe eines russischen Nachtfliegers. Das gehörte damals zum Alltag und schmerzte nur einige Minuten lang.
Man hatte uns zur Nacht ein riesiges Zimmer in dem stattlichen Gebäude zugewiesen, welches der Stab der Division belegt hatte. Das Mobiliar bestand aus einem ledernen Kanapé und einem langen Holztisch. Clemens bezog, seinem Rang entsprechend, das Kanapé. Ich lieh mir einen Schlafsack und richtete mich auf dem Tisch ein, was der Wanzen wegen

ratsam war. Wir sprachen die halbe Nacht miteinander. Denn wir hatten uns seit der Feier des 70sten Geburtstags meines Vaters im Mai des Vorjahres nicht mehr gesehen.

Worüber sprachen wir? Wir sprachen über den Tod unserer Brüder. Beide waren in einem Zeitraum von nur drei Tagen gefallen, einer als Infanterist vor Moskau, der andere als Jagdflieger in Nordafrika. Das gehörte damals zum Alltag. Aber dies hier tat schon ein bißchen länger weh.

Vom Fliegertod hatten wir beide schon sehr früh erfahren, durch den großdeutschen Rundfunk. Denn Erbo hatte für eine Reihe von Abschüssen einen Orden in einer Kategorie erhalten, deren Zugehörige das Recht auf eine Heldentod-Ankündigung im Äther hatten. Bei Franz-Joseph hatte es ein wenig länger gedauert. Die Post, vor allem die Feldpost, ging damals nicht so schnell wie heute. Zwischen seinem Tod durch Kopfschuß bei minus 45 Grad in einem Dorf zwischen Moskau und Rschew und der Ankunft der Benachrichtigung durch den Regimentskommandeur bei meinen Eltern waren 14 Tage vergangen. Clemens wiederum hatte es weitere 14 Tage später erfahren und mir telefonisch von Orel aus mitgeteilt. Wir tauschten Erinnerungen an unsere gemeinsame Kindheit aus und hakten das Thema ab. Schließlich waren wir nicht die einzigen, die es dergestalt erwischt hatte. Das gehörte zur Bilanz des Krieges, zur Gewinn- und Verlustrechnung.

Mit dem Tod war das so eine Sache damals. Er hatte eine andere Größenordnung als heute. Er war permanent. Es ging zu wie im Eichendorff-Gedicht vom Kreuzzug Barbarossas. Zur Rechten und zur Linken sah man einen halben Russen heruntersinken. Oder einen Kameraden. Volltreffer. Zerfetzt. Erfroren. Keine Zeit zum Einscharren. Boden zu hart. Krepierte erdbraune Gefangene am Straßenrand. Verbrannte Dörfer. Verbrannte Erde. Lange Reihen von Birkenkreuzen. Vormarsch. Rückzug.

Wir sprachen vom Krieg. Von unserem Feldzug. Von unseren Vormärschen im Sommer, in der Ukraine, in Weißrußland. Vom Einsacken ganzer feindlicher Armeen. Von endlosen Kolonnen von Gefangenen. Vom Staub. Von den Ausfällen. Von den technischen Mängeln unserer Fahrzeuge. Vom Schlamm. Ja, vom Schlamm, der unseren Vormarsch plötzlich gelähmt hatte. So gelähmt, daß wir nicht mehr rechtzeitig nach Moskau gekommen waren vor dem Winter. Keine Chance. Napoleon hatte es mit seinen Pferden und Fußfantristen besser gemacht. Und nun?

Unsere Zuversicht hatte einen Knacks bekommen. Wieso, der Russe war nicht besiegt? Das konnte doch nicht wahr sein. Keine Armee der Welt, und sei sie noch so sehr unterfüttert mit immer neuen Jahrgängen, immer neuen asiatischen und kaukasischen Völkerscharen, konnte solche Massenverluste an Toten und Gefangenen ertragen. War denn das eine Hydra, die wir da vor uns hatten? Mit immer neuen Köpfen?
Wir trösteten uns mit unserer Überlegenheit. Der deutsche Mensch würde es schon schaffen. Der Slawe war ihm eindeutig unterlegen. Stumpfsinnig. Unfähig zur Initiative. Sklavischer Gehorsam. Politischer Zwang. Diktatur der Partei. Stalin verhaßt bei seinen Völkern. Wir Deutschen die Befreier. Wenn es nur nicht bei uns die Parteibonzen gäbe! Die alles falsch machen. Die das ganze Vertrauenskapital, das die anständige deutsche Wehrmacht bei ihrem Blitzvormarsch bei der Bevölkerung angesammelt hatte, wieder zu verspielen im

Begriffe waren. Ach, könnte man die Kerle nur zu Paaren treiben!

"Hast Du eigentlich von einem Kommissarbefehl gehört?" - "Nein, ich nicht. Oder besser doch, aber nicht direkt, nur so vom Hörensagen, wir sprachen unter uns Offizieren darüber. Aber es hieß gleich, daß man das in unserer Einheit nicht tun würde." - "Bei uns genau so. Ich habe auch nirgends gesehen, wie Leute umgelegt wurden. Du etwa?" - "Nein. Ich habe nur einmal im Vorbeifahren vom Spähwagen aus eine Reihe von Russen im Straßengraben liegen sehen, die offensichtlich umgelegt worden waren. Da sie alle lange Haare trugen, vermute ich, daß es Kommissare waren."

"Ein komisches Land. Ein komisches Volk. Ein ganz anderer Krieg als in Frankreich, oder in Polen." - "Ich war nicht dabei. Meinst Du nicht, daß wir vor den Franzosen zum Beispiel mehr Respekt hatten?" - "Sicher hatten wir das. In doppelter Hinsicht. Das waren Menschen wie wir, und wir glaubten sie uns vor allem turmhoch überlegen. Daß das alles wie ein Kartenhaus in sechs Wochen zusammenstürzte, verstehe ich heute noch nicht." - "Wir haben uns sehr anständig benommen in Frankreich. Unsere Schwadron lag in einem Dorf, als ich zu ihr stieß. Die Offiziere in einem Schloß. Alles piekfein und ordentlich. Unser Schwadronschef in Weiß beim Essen. Kein Mensch rührte was an." - "Ja, Champagner und keine Wanzen."

"Wie wird es weitergehen?" - "Ich weiß es nicht. Wir werden wieder angreifen, wenn der Winter vorbei ist. Vielleicht werden wir Moskau nehmen. Und dann wird man sehen müssen. Vielleicht eine Abwehrlinie ostwärts von Moskau, irgendwo auf halbem Weg zum Ural. - Eine Linie, die keiner mehr eindrücken kann." - "Haben wir denn die Luft dazu?" - "Also ich kann Dir sagen, ich habe vor der Abfahrt am Bahnhof unsere neuen Panzer ankommen sehen, mit neuen Kanonen, besserer Panzerung. Wir gehen mit neuen Chancen in das zweite Treffen. Wir bleiben den Russen überlegen. Du wirst sehen."

"Clemens. Glaubst Du, daß wir den Krieg noch gewinnen können?"

"Ich weiß es nicht. Aber ich glaube noch daran. Wir müssen es glauben, nicht wahr? Aber bei diesem Scheißkerl da oben weiß man nie, wie der Hase laufen wird. Er geht mit unseren Feldmarschällen um wie mit einer Schulklasse, und die lassen sich herumschubsen. Keiner wagt, etwas zu sagen. Guderian, der ja. Erfolg? In die Wüste geschickt. Bock weg, Brauchitsch weg, Hoepner weg. Der Gröfaz hat den Oberbefehl über das Heer übernommen. Mit seinem Gefreitenverstand. Wenn ich Dir erzählen würde, was mir Offiziere aus dem Hauptquartier erzählen, die bei uns hereinschauen, Dir würden sich die Haare sträuben.

"Gute Nacht, Clemens." - "Gute Nacht, mein Junge."

Und das deutsche Ostheer trat wieder zum Angriff an. Fast auf den Jahrestag des Beginns von "Barbarossa", am 29. Juni 1942. Es ging nach Stalingrad. Es ging zum Don, zur Wolga, zum Kaukasus und zum kaspischen Meer. Für mich endete die Reise schon fünf Wochen später bei Woronesch, kurz vor dem Don, mit einem Schuß in die Schnauze. Clemens kam fast bis Grozny, der Hauptstadt Tschetscheniens. 52 Jahre später war das wieder aktuell, nach dem Zusammenbruch des Leninschen Reiches und der Sezession der Sowjet-Republiken.

Aber damals war Grozny nicht Schauplatz eines Bürgerkriegs zwischen Mütterchen Rußland und einem seiner kaukasischen Kinder. Damals lag es im Feuer deutscher Kanonen und Stukas, und es wurde von den Soldaten Stalins verteidigt. Sie kämpften Schulter an Schulter für das Väterchen in Moskau, im Großen Vaterländischen Krieg, gegen den Eindringling aus dem Westen, der sich von einer hohen Mission investiert wußte. Von der Mission, das Abendland gegen den Ansturm des Bolschewismus zu verteidigen. Gegen die tödliche Lehre und ihre Ausbreitung auf das zivilisierte Europa. Eine Lehre, geboren in den kranken Gehirnen jüdisch-asiatischer Psychopathen, die die Diktatur des Proletariats über der Welt errichten wollten. Eine erhabene Mission, geeignet, die Herzen glühen, alle Opfer vergessen zu lassen. Noch ein bißchen Mühe, und wir sind am Ende. Der Sieg ist errungen. Europa gerettet, dieses wundervolle Europa, das uns seine Söhne an unsere Seite stellte, zum Kampf um eine gemeinsame Zukunft unter den schützenden Flügeln eines neuen deutschen Reiches, das von der Biskaya zum Ural, vom Nordkap bis Sizilien reichen und in dem die Sonne nicht untergehen würde.

Noch ein bißchen Mühe, dachten wir, und wir sind am Ende. Der Sieg ist errungen. Für den Führer, für das Vaterland, für die Heimat für das Volk und für das Reich. Oh diese wundervolle Gemeinschaft von Männern. Diese prachtvollen SS-Männer aus Frankreich, aus Belgien, aus Holland, von Spanien und Skandinavien, vom Balkan und von der Ukraine. Das ist die "Große Armee" des 20. Jahrhunderts unter dem neuen Napoleon Hitler. Unsere Verbündeten marschieren an unserer Seite. Die Ungarn. Die Rumänen. Die Italiener. Sie schnaufen zwar ein bißchen, aber sie marschieren, mit deutscher Hilfe, wenn's mal hapert. Ah, diese Korsettstangen. Nichts geht ohne uns. Aber wir sind alle eine große Familie, ein großer Kreuzzug für das Abendland, wie einst die teutonischen Ritter. Noch ein bißchen Mühe, und es ist geschafft. Irgendwann muß der letzte Kopf der Hydra fallen.

Aber er fällt nicht, der letzte Kopf. Stalins Reserven sind so unergründlich wie sein Ratschluß. Seine Generale haben inzwischen von den Deutschen den Blitzkrieg gelernt und schlagen mit gleicher Münze zurück. Sie haben alles, was sie brauchen. Die besseren Waffen, die größere Zahl, und vor allem den Raum, den riesigen Raum des Mütterchens Rußland, und sie haben viel Zeit, viel Zeit.

Den Deutschen dagegen brennt die Zeit auf den Nägeln. Der größenwahnsinnige Gefreite im Hauptquartier hat sich nämlich viel vorgenommen. Er will Leningrad und Moskau nehmen, in Stalingrad den Verkehr auf der Wolga abschneiden, und er will das Öl im Kaukasus, und die Getreidefelder am Kuban. Das alles für die deutsche Kriegswirtschaft, von der seine Generale nichts verstehen. Die lassen sich herumschubsen. Gegen alle Vernunft. Wer zu protestieren wagt, wird abgesetzt. Dabei geht allen die Luft aus. In Stalingrad, am Kaukasus überdehnen sich die Versorgungslinien, wird der Sprit knapp, kommt die Munition nur noch mit Kamelen nach vorne, kann die Luftwaffe die Versprechungen des Herrn Göring-Meyer ("Wenn ein feindlicher Flieger über Berlin ankommt, will ich Meyer heißen."), Stalingrad aus der Luft zu versorgen, nicht mehr einhalten. Es riecht angebrannt. Es dräut die Katastrophe.

Und der Leutnant August Kageneck auf seinem Krankenlager in Lublin hört das alles am großdeutschen Rundfunk mit und stellt sich selbst die Frage, die er seinem ältesten Bruder (der kämpft derweil um das Öl im Kaukasus) ein halbes Jahr zuvor in Kursk stellte. "Können wir den Krieg noch gewinnen?"

Und es kommt, was kommen mußte. Die Fronten brechen zusammen. In Stalingrad geht eine ganze Armee unter und muß der Goebbelsschen Propaganda zu einer grandiosen Inszenierung im Berliner Sportpalast und zum Vergleich mit den Spartiaten an den Thermopylen herhalten. Am Kaukasus muß alles hastewaskannste zurück, ehe die Russen das Tor bei Rostow am Don zuschlagen. Das geht haarscharf noch einmal gut. Man hat halt noch keine Routine im Rückzug, aber man hat Generale, die improvisieren können, die einfach schneller und klarer denken, wie den Manstein.

Ein paar Monate später sind die Russen fast am Dnjepr, aber der Manstein, dieser Teufelskerl, schlägt sie noch einmal zurück, und sie holen sich eine blutige Nase. Die Front kann noch einmal stabilisiert werden. Noch `nen Winter, na ja, ein bißchen weniger frostig als der erste. Zu Hause glühen die Rüstungsschmieden, schuftet ein Heer von modernen Sklaven für den Großdeutschen Sieg. Es kommen neue Panzer, Tiger und Panther für den Raubkatzensprung nach Moskau, das immer noch in Reichweite liegt. Aber erst einmal muß ein Frontbogen eingedrückt werden, bei Kursk, da, wo wir uns zwei Winter vorher den Iwan mühsam vom Halse gehalten hatten. Oh, wie die Zeit drängt! In Italien sind die Gegner aus dem Westen gelandet. In Afrika gibt's kein Afrikakorps mehr. In Frankreich steht eine Armee bei Fuß und wartet auf die Invasion. Wohin man blickt, häufen sich die dunklen Wolken.

Und nun geht auch noch der Angriff auf den Frontbogen in die Hose. Er bleibt schon nach sieben Tagen stecken, trotz der vielen Tiger und Panther. Es war der letzte große Schlag der Wehrmacht im Osten, und er ging ins Leere. Und der Iwan schlägt zurück. Er setzt seine Dampfwalze in Bewegung, die bis Berlin nicht mehr zum Stehen kommt. Einen Sommer später gibt es ein zweites, noch schlimmeres Stalingrad. Nicht eine Armee, eine ganze Heeresgruppe geht zugrunde. Hunderttausende werden in den Strudel gerissen, kommen elend um, werden als Verwundete von den rasenden Gewinnern in ihren Betten erschlagen, versuchen sich durchzuschlagen, wie die braven Grenadiere des Infanterieregiments 18 aus Detmold, in dem mein Bruder gefallen war, werden aufgegriffen und nach Moskau transportiert, wo sie ein paar Tage später, ihre Generale an der Spitze, vor den Moskauern vorbeidefilieren müssen. Man hat ihnen eine fette Kohlsuppe in die leeren Därme gepreßt, und sie müssen mitten im Marsch die Hosen herunterlassen, zum brüllenden Gelächter der Sieger. So etwas an Demütigung hatten nicht einmal die römischen Kaiser erfunden.

Und der Leutnant August Kageneck, der inzwischen Offizieranwärter für die großdeutsche Wehrmacht ausbilden darf, hört den Rundfunk in seiner Leutnantsbude und fragt sich: "Können wir den Krieg noch gewinnen?" Er ist nicht allein mit seiner Frage. Auch Generale stellen sie sich inzwischen. Und es gibt sogar einige, ganz wenige, die sich leise die Frage stellen: "Dürfen wir den Krieg noch gewinnen?"
Es ist ein bißchen spät für die Frage. Und sie hat keinerlei Chance auf eine Antwort. Die Antwort wäre der Galgen. Der Gefreite im Hauptquartier gibt sich keineswegs geschlagen, auch wenn inzwischen ganz Italien abgefallen und erobert ist

und im Westen die Amerikaner und Briten zur deutschen Grenze stürmen. Wahrscheinlich ist ihm auch ganz wurscht, wie das Ganze ausgeht. Er braucht nur noch ein bißchen Zeit, um sein Judenprogramm durchzubringen. Und in seinem Kopf ist er schon zu der Ansicht gekommen, daß die Germanen den Sieg gar nicht verdient haben, weil sie sich als zu schwach erwiesen haben und dem stärkeren Volk aus dem Osten erlegen sind.

Dabei schlagen sich die Germanen brav. Kaum einer geht von der Fahne. Ich wiederhole: Kaum einer. Desertieren gilt als Verrat. Auch, wenn alles vollkommen sinnlos erscheint: hier wird nicht gedrückt. Die Disziplin bleibt eisern. Wenn da ein paar Überläufer vom Bund deutscher Offiziere von den Sowjets herüberkommen und versuchen, ihre Kameraden gegen Hitler aufzuwiegeln, werden sie gefaßt und an die Wand gestellt. Kurzer Prozeß. Man kämpft nach dem Muster preußischer Grenadiere bei Kunersdorf. Hingebungsvoll und tapfer, in aussichtsloser Lage.

Auch die Mehrheit der Generale bleibt eisern bei der Stange. Zwar haben sie uns nach dem Kriege in ihren Memoiren erzählt, wie ihnen immer mulmiger wurde bei der Weitergabe von Befehlen, die kranken Hirnen zu entspringen schienen. Wie sie immer wieder am liebsten den Knüppel hingeschmissen oder wenigstens zum "Führer" marschiert wären, um ihm den gröbsten Unsinn auszureden. Aber dann fehlte ihnen im letzten Augenblick doch der Mut und die Zivilcourage dazu, und sie verschanzten sich, wie der Teufelskerl Manstein, hinter der apodiktischen Maxime "preußische Feldmarschälle meutern nicht", wie bei seinem Adjutanten Stahlberg zu lesen ist. Andere, wie sein Kamerad Feldmarschall von Bock, waren im Gegenteil verzweifelt, wenn sie abgesetzt wurden, und fragten sich immer wieder, was sie denn Böses getan, und ob sie ihrem Führer etwa weh getan hätten, wie, leider, in Bocks eigenen Memoiren nachzulesen ist.

Daß der Krieg längst verloren war, wahrscheinlich schon im Winter 1941, mit Sicherheit ein Jahr später, wußten sie natürlich alle. Das wußten auch schon ihre Vorgänger (und Vorbilder) Hindenburg und Ludendorff im Ersten Weltkrieg, als ihre Frühjahrsoffensive 1918 ihre Ziele nicht erreicht hatte. Was aber taten sie? Sie gingen zu ihrer übergeordneten zivilen Behörde, der Reichsregierung, und ersuchten diese, um sofortigen Waffenstillstand nachzusuchen, um "weiteres unsinniges Blutvergießen" zu vermeiden.

Das taten ihre Nachfolger nicht. Sie fanden mehrheitlich nicht den Mut dazu. Nun mag ein gewisser Unterschied bestanden haben zwischen Adolf Schicklgruber und dem Prinzen Max von Baden. Auch war der letzte kaiserliche deutsche Reichskanzler nicht von einer Prätorianergarde umgeben, die jeden, der es gewagt hätte, Zweifel am Endsieg zu bekunden, augenblicklich liquidiert hätte. Und am Blutvergießen nahm eben 25 Jahre später keiner Anstoß. Blut wurde für Deutschland vergossen, auch wenn der Vergießer sterben mußte. Und der Erste Mann im Reiche vertrat ja auch die Ansicht, daß, wenn das deutsche Volk nicht fähig sei, zu kämpfen und zu sterben für seine Existenz, es dann eben von der Geschichtsbühne abzutreten habe.

Und so wurde gekämpft und gestorben, sinnlos, klaglos, bedingungslos und nibelungentreu. An der Weichsel, vor Ostpreußen, vor den Toren Wiens, an der Oder, in Pommern, vor Berlin, in Berlin, im Bunker unter der Reichskanzlei. Pimpfe starben mit 15 ebenso selbstverständlich wie Volkssturmmänner mit 60. Alles sank in Schutt und Asche. Frauen schrien aus den Trümmern, wo sich die "asiatischen Horden" ihre Opfer holten. Aus dem Kreuzzug gegen das jüdischbolschewistische Untermenschentum war ein Kampf ums Überleben geworden. Die teutonischen Ordensritter der Moderne hatten, wie ihre Vorfahren 535 Jahre zuvor, vernichtende Prügel bezogen und standen nun vor einem unvergleichlich viel größeren Trümmerhaufen. Ihr Ordensmeister war kein Fürst oder Herzog gewesen, und schon gar kein Kaiser Barbarossa, sondern ein obskurer Zöllnersohn aus Niederösterreich. Barbarossa II hatte einen falschen Bart getragen. Und nun saß er tief unter der Erde und dachte nach über das Deutsche Reich, das er zuschanden geritten hatte. Nicht im Kyffhäuserberg in Thüringen, sondern im Tiefbunker seiner Reichskanzlei in Berlin.

Und da es keinen Ausweg aus dem Nachdenken gab, und schon gar keine Aussicht auf eine Wiederkunft in einer besseren Zeit, um das Reich zu vollenden, war der letzte Schuß des Zweiten Weltkrieges folgerichtig der, der das Leben des Ungetüms beendete. Nur eines: dieser Schuß kam nicht aus der Pistole eines späten Abtrünnigen. Er kam aus der Hand des Mannes selbst. Die Germanen hatten ihrem Führer bis zur letzten Sekunde die Treue gehalten. Und darüber hinaus?

Kapitel 3

Vom feinen Umgang mit Untermenschen

"Als wir das Büro betraten, erhob sich Ribbentrop hinter seinem Schreibtisch. Er neigte leicht den Kopf und streckte uns seine Rechte entgegen. Dann gab er uns durch Zeichen zu verstehen, ihm zu einem großen runden Tisch in der entgegengesetzten Ecke des Raumes zu folgen.
Sein Gesicht war aufgedunsen und gerötet, seine Augenlider schwer, sein Blick flackernd und unsicher. Er ging vor uns her, den Kopf geneigt, leicht schwankenden Ganges. Ich fragte mich, ob er nicht getrunken habe ..."

Es war der 22. Juni 1941. Drei Uhr morgens Berliner Zeit. Ein Sonntag. Und ein sonniger Tag. Vorher hatte der sowjetische Botschaftsrat Walentin Bereschkow, dessen Bericht ich zitiere, auf der Fahrt von der Botschaft unter den Linden zur Wilhelmstrasse bemerkt, daß sich der Himmel über dem Tiergarten bereits leicht zu verfärben begann. Das Dunkel der Wilhelmstrasse dagegen war grell erleuchtet von den Scheinwerfern der Deutschen Wochenschau, die die sowjetischen Diplomaten blendeten.

Den ganzen Samstag über hatte Bereschkow im Auftrag seines Botschafters versucht, den deutschen Außenminister telefonisch um einen Termin zu bitten, da man ein am Morgen eingegangenes dringendes Telegramm aus Moskau zu übergeben habe. In der Depesche hatte die sowjetische Regierung ihrer Sorge über deutsche Truppenkonzentrationen an der

Demarkationslinie sowie deutsche Grenzverletzungen Ausdruck gegeben und um Erklärungen gebeten. Aber es war unmöglich gewesen, irgend jemanden zu erreichen, auch nicht den Staatssekretär von Weizsäcker, der seinen Minister gewöhnlich vertrat. Erst am Mittag hatte sich der politische Direktor Woermann gemeldet und mitgeteilt, die Herren seien beim Führer und könnten niemanden empfangen. Voll dunkler Ahnungen hatte Bereschkow den ganzen Tag über zugewartet, sich die Zeit mit Zeitungslektüre vertreibend. Im "Völkischen Beobachter" hatte Reichspressechef Dr. Dietrich schon seit einigen Tagen vielsagende, "offensichtlich von der Regierung inspirierte" Kommentare zur Bedrohung veröffentlicht, die vom sowjetischen Aufmarsch an der Ostgrenze des Reiches ausging, und von der Notwendigkeit, diese Bedrohung auszuschalten, wenn das deutsche Volk nicht daran gehindert werden wollte, sein tausendjähriges Reich zu errichten. "Jetzt, im Lichte der uns bereits bekannten Tatsachen hinsichtlich der militärischen Vorbereitungen im Osten, erhielten Dietrichs Artikel eine ganz besondere Bedeutung für uns," schreibt Bereschkow.

Und dann waren sie um 3 Uhr morgens "von einer bellenden Stimme" telefonisch aufgefordert worden, sich sofort ins Aussenministerium zu begeben. Ein Dienstwagen mit SS-Begleitung hatte sie abgeholt, dem Botschafter kaum Zeit lassend, sich anzukleiden.

Ribbentrop hatte die mitgebrachte sowjetische Anfrage vom Vortage gar nicht erst entgegengenommen, sondern sogleich mit erhobener Stimme angekündigt, daß man von etwas ganz anderem sprechen werde. "Bei fast jedem Wort stotternd, was bei mir den Eindruck erweckte, daß er wirklich viel getrunken hatte, erklärte Ribbentrop, eher konfus, daß die deutsche Regierung Kenntnis habe von intensiven Truppenkonzentrationen entlang der deutschen Grenze, daß sowjetisches Militär diese Grenze verletzt habe und auf deutsches Gebiet vorgedrungen sei, während sich in Wirklichkeit nichts dergleichen ereignet hatte."

Ribbentrop habe dann ein "Memorandum" des Führers resümiert, das er anschließend überreicht habe, und in dem von einer Bedrohung Deutschlands die Rede war in einem Augenblick, in dem es in einen tödlichen Kampf mit den Angelsachsen verwickelt sei. All dies, sagte Ribbentrop, fasse der Führer als die Absicht der sowjetischen Regierung auf, das deutsche Volk im Rücken zu treffen. So etwas könne der Führer nicht dulden, und er habe die notwendigen Maßnahmen getroffen, die Existenz und die Sicherheit der deutschen Nation zu garantieren. Seine Entscheidung sei endgültig. Eine Stunde vorher bereits hatten deutsche Truppen die sowjetische Grenze überschritten. Ribbentrop sei dann aufgestanden und habe in feierlichem Ton erklärt : "Der Führer hat mich beauftragt, Sie offiziell von diesen deutschen Verteidigungsmaßnahmen zu unterrichten."

Dramatisch war das Ende dieser frühmorgenlichen Begegnung in der Wilhelmstrasse verlaufen. An der Tür hatte sich der Botschafter noch einmal umgedreht und gesagt: "Dies ist ein ungerechtfertigter hinterhältiger Angriff. Sie werden es bereuen, die Sowjetunion auf verbrecherische Weise angegriffen zu haben. Und Sie werden es teuer bezahlen."

Bereschkow fährt fort: "Wir machten kehrt und gingen zur Tür. In diesem Augenblick geschah etwas Unerwartetes. Ribbentrop eilte uns nach und versicherte uns, in stoßweise vorgebrachtem Murmeln, daß er sich persönlich dieser Entscheidung entgegengestellt und versucht habe, den Führer von ihr abzubringen, da es ein Wahnsinn sei, die Sowjetunion anzugreifen, daß der Führer aber nichts habe hören wollen und seinen Entschluß als unumstößlich bezeichnet habe. Die letzten Worte, die wir, schon im Flur, hörten, waren: "Informieren Sie Moskau, daß ich gegen den Angriff war..."

"Auf der Rückfahrt zur Botschaft blieben wir schweigend, durchdrungen von der Schwere des Ereignisses. Wir dachten über das nach, was sich im Büro des Nazi-Ministers abgespielt hatte. Warum war Ribbentrop so nervös gewesen, wo er nicht weniger anti-kommunistisch eingestellt war als alle anderen Nazi-Chefs und einen geradezu pathologischen Haß gegen unser Land und seine Bewohner empfand? Wo war seine übliche Arroganz geblieben? Mit Sicherheit log er, als er behauptete, er habe Hitler von seinen Angriffsabsichten abbringen wollen. Aber was konnten seine letzten Worte bedeuten? Auf alle diese Fragen gab es keine Antwort. Wenn ich heute daran zurückdenke, so glaube ich, daß Ribbentrop dunkle Vorahnungen hatte, als er uns den Entschluß Hitlers mitteilen mußte, einen Entschluß, der schließlich zum Sturz des hitlerschen Reiches führen würde. Vielleicht war dies der Grund, warum er sich betrunken hatte, bevor er seine beschämende Mission erfüllen mußte."

Die sowjetischen Diplomaten wurden nicht gerade zart behandelt, wie Bereschkow abschließend in seinem Buch "In diplomatischer Mission bei Hitler" berichtet. Ihre Botschaft war bereits von SS umstellt, als sie heimkehrten. Man hatte ihnen alle Nachrichtenverbindungen abgeschnitten, so daß es ihnen unmöglich war, ihre Regierung in Moskau von der Entscheidung Hitlers zu unterrichten, und dies noch während der Botschafter bei Ribbentrop war. Ab sechs Uhr hörten die Botschaftsangehörigen Radio Moskau, das jedoch nur den üblichen Nachrichtenablauf brachte, Neuigkeiten aus der Landwirtschaft, von den Komsomolzen, den Stachanowisten. War es denn möglich, so fragten sich die Belagerten in Berlin, daß ihre Regierung noch nichts über den schon seit vier Stunden laufenden deutschen Angriff wußte?

Die deutschen Verletzungen diplomatischer Gepflogenheiten verschärften sich. Als man sich schließlich bei anhaltender Telefonsperre gegen acht Uhr entschloß, einen Konsulats-Angestellten mit dem großen schwarzen "Zis 101", dem offiziellen Fahrzeug des Botschafters, mit einem Telegramm über das Gespräch bei Ribbentrop zur Hauptpost zu schicken, kam dieser nach einer Viertelstunde zu Fuß zurück. Eine SS-Patrouille hatte ihn gestoppt und das Fahrzeug samt Fahrer beschlagnahmt. Bereschkow war daraufhin - Radio Moskau hatte noch immer nichts gemeldet - mit einem unauffälligen kleinen Lieferwagen der Botschaft, Marke "Olympiy", durch ein Hintertor geschlüpft und zur Post gelangt, wo die Postbeamten um einen Radioempfänger standen, aus dem die hysterische Stimme Goebbels' drang. Der Propaganda-Minister erzählte dem Volk von der tödlichen Gefahr, vor der der Führer es durch seinen Entschluß gerettet hätte, dem Dolchstoß der Sowjetunion zuvorzukommen. Der Postbeamte, dem er sein Telegramm übergab mit der Bitte, es nach Moskau zu senden, hatte ihn sprachlos angestarrt und dann gefragt, ob er nicht wisse, was sich seit heute morgen abgespielt habe. Bereschkow hatte auf der Entsendung bestanden. Erst viel später erfuhr er, daß das Telegramm nicht in Moskau angekommen war. Und erst am Mittag an diesem Sonntag, dem 22.

Juni 1941, gab Radio Moskau der sowjetischen Bevölkerung den Überfall der Deutschen bekannt. Bereschkow zitiert den Wortlaut der Sendung: "Heute, um vier Uhr morgens (2 Uhr Berliner Zeit) haben deutsche Truppen unser Land angegriffen, ohne die geringste vorherige Warnung und ohne eine formelle Kriegserklärung ... Unsere Sache ist gerecht. Der Feind wird besiegt werden. Der Sieg wird unser sein."

Wenn ich den jungen sowjetischen Diplomaten von damals so ausführlich aus seinem Buch über diese tragischen Ereignisse zitiere, so, um meine felsenfeste Überzeugung zu untermauern, daß Hitler der Angreifer war. Daß er die Sowjetunion unprovoziert überfallen hat. Daß er und seine Paladine diesen Angriff seit langem geplant und vorbereitet hatten. Und daß sie dabei ein schlechtes Gewissen hatten, wie das Verhalten Ribbentrops bezeugt. Ein so schlechtes Gewissen, daß sie die Diplomaten der Gegenseite daran hinderten, ihre Regierung zu informieren. Ein schlechtes Gewissen, und ein schlechtes Benehmen. Hätten sie zwei Jahre vorher gewagt, den englischen oder den französischen Botschafter so zu behandeln? Nein, das hätten sie nicht gewagt. Aber mit den Sowjets, diesen Untermenschen, konnte man so verfahren. Man werde ihnen sowieso bald zeigen, wie man mit ihnen umspringen werde. Sie benahmen sich wie Gangster. Wie miese kleine Verbrecher von der Chicagoer Art, die einen tollen Coup landen und einen Rivalen ausschalten wollten. Einen Rivalen auf dem Weg zur Weltherrschaft.

Oh, ich weiß, daß eifrige deutsche Historiker sich darum bemühen, im Nachhinein einen gerechtfertigten Präventivkrieg Hitlers nachzuweisen. Sie berufen sich auf sowjetische Historiker. Die wollen aus Politbüro-Protokollen der dreißiger Jahre und Archiven der sowjetischen Armeeführung geschöpft haben, Stalin habe für 1941 einen Angriff auf Deutschland "vorbereitet". Den genauen Zeitpunkt weiß zwar niemand anzugeben, aber jedenfalls sei der Aufmarsch der Streitkräfte, wie der frühere Bundeswehrgeneral Graf Kielmansegg unter Berufung auf die Historiker Topitsch, Maser, Post und Hoffmann in seinen Anmerkungen zu Philippe Massons Buch über die deutsche Wehrmacht ausführt, am 22. Juni 1941 "weit vorangeschritten" gewesen. Einschränkend fügt Kielmansegg hinzu: "Ob Stalin tatsächlich schon 1941 angreifen wollte oder überhaupt konnte, wie Post und Hoffmann es annehmen, läßt sich heute wohl noch nicht einwandfrei belegen, ist aber nicht von der Hand zu weisen."

Ich bin gespannt, ob es jemals belegt werden kann.
Kielmansegg, damals erster Generalstabsoffizier einer Panzerdivision, behauptet, rein militärisch auf seine strategisch-operative Struktur hin betrachtet, sei der sowjetische Aufmarsch im Süd- und Mittelabschnitt "offensiv und fast abgeschlossen" gewesen. Jedenfalls könne man heute "auf Grund der bisher vorliegenden Erkenntnisse" von einer klaren Angriffsabsicht Stalins ab 1941/42 zu irgendeinem ihm genehmen Zeitpunkt ausgehen.

Ich kann mich der Ansicht des verdienten Generals, am Ende des Krieges als Sympathisant der Widerständler um Tresckow und Stauffenberg verhaftet, nicht anschließen. Schon seine vorsichtige Wortwahl überzeugt mich nicht. Auch Masson, dessen Buch ich ins Deutsche übertragen durfte, schließt sich den Thesen der "Revisionisten" um Post und Hoffmann nicht an, die den Hitler-Überfall als Zuvorkommen eines "Vernichtungskrieges Stalins" anpreisen. Der angesehene französische

Historiker läßt das offen und begnügt sich mit zwei Sätzen zu den vielen Hypothesen, die über Hitlers Motivationen angestellt wurden. Den Vorzug gibt er der These, Hitler habe seinen Hauptgegner England, wie einst Napoleon, auf dem Umweg über Rußland schlagen wollen. Erst in zweiter Linie habe er den Lebensraum im Osten im Auge gehabt. Auch hier bin ich anderer Ansicht. Der Verlauf des Eroberungsfeldzuges, seine strategischen und geopolitischen Ziele, seine weitgehend wirtschaftliche Ausrichtung, die psychologische Vorbereitung seiner Teilnehmer, die Weisungen der obersten Befehlshaber hinsichtlich der Behandlung der zu Unterwerfenden, und schließlich das Verhalten der "Sekundär-Armee" hinter der ersten Staffel der Eroberer weisen eindeutig auf die Hauptabsicht des Angreifers: Sicherung von Lebensraum für das erste Volk in Europa unter Ausschaltung und physischer Vernichtung der Einwohner.

Man muß sich wirklich fragen, wie angesichts der erdrückenden Beweise für einen Angriffs- und Eroberungskrieg der Nationalsozialisten noch Zweifel an deren Absichten bleiben können. Naivität, oder böse Absicht?

Der Panzerleutnant August Kageneck jedenfalls lag am frühen Morgen des 22. Juni 1941 noch in tiefem Schlaf in seinem ostpolnischen Bauernhaus, als ihn sein Nachbar Leutnant Meyer mit der Nachricht weckte, Deutschland befinde sich im Krieg mit der Sowjetunion. Na endlich, stöhnten wir. Niemand hatte daran geglaubt, alle hatten damit gerechnet. Und so zogen wir denn los, frisch, fromm, fröhlich, frei. Zum zweiten Mal gen Osten, der Sonne entgegen, der Morgenröte des neuen Deutschen Reiches. Unsere Fahnen mit der von Blutrot umgebenen schwarzen Spinne im weißen Netz wehten bereits an der Biscaya, in Tripolitanien, am Nordkap und an der Akropolis. Sie würden bald am Kaukasus, über dem Kreml und in der Stadt Peters des Großen wehen. Wir waren ja unwiderstehlich. Der Sieg heftete an unseren Wimpeln. Seit drei Jahren...

Die Rote Armee? Wir wußten nicht recht. War sie sehr viel besser als die französische oder englische? Wir glaubten eher, daß sie den Polen ähneln würde. Phantasielos, ohne Erfahrung, untergerüstet und primitiv. War sie nicht von Stalin enthauptet worden in den Reinigungsprozessen ein paar Jahre zuvor? War sie nicht von den Finnen geschlagen worden im vorigen Winter?

Und dann waren das ja Untermenschen. Ein Rassen-Mischmasch. Fanatisiert von Kommissaren. A propos Kommissare. Die mußte man aussondern, von den übrigen Gefangenen trennen, unschädlich machen. "Sofort zu erschießen" lautete der Befehl. Er wurde der Truppe bekannt gegeben. Nicht überall ausgeführt. Aber die Stimmung war da. Die Stimmung stimmte. Diese Mischung aus Überlegenheitsgefühl, Verachtung, Sendungsbewußtsein, und ein bißchen Angst, besser nicht in ihre Hände zu fallen.
Und wie war das mit dem Völkerrecht? Mit der Genfer Konvention? Wie war das mit der allgemeinen Kriegführung, die man in Frankreich, ja auch in Polen am Anfang, in Norwegen und ein bißchen auch auf dem Balkan den internationalen Konventionen entsprechend gehandhabt hatte? Galten die zehn Gebote des Deutschen Soldaten noch, die in unseren Wehrpässen eingeheftet waren, wonach sich der Soldat ritterlich gegenüber dem Gegner, untadelig gegenüber der Zivilbevölkerung zu verhalten, deren Gut nicht an sich zu nehmen

und überall korrekt aufzutreten hatte? Diese Gebote - ich erinnere mich nicht, sie jemals gelesen oder gehört zu haben - waren bisher stets und überall beachtet worden. Sie waren sozusagen in uns, entsprachen der Tradition. Galten sie auch in Rußland?

Es gab da Weisungen und Befehle unserer höchsten Vorgesetzten, deren Wortlaut Zweifel anwenden lassen. Ich habe diese Befehle nie gesehen. Sie wurden möglicherweise nur auf Korps- und Divisionsebene verteilt, von vielen gar nicht beachtet, von einigen mit Protest zurückgewiesen. Aber sie sind einwandfrei dokumentiert, und Philippe Masson sieht sich gezwungen, in seinem, des Lobes vollen Buch über die deutsche Wehrmacht, darauf einzugehen, in einem Schlußkapitel, das er mit "Politik und Moral" überschrieben hat. Und man kann sie nur mit Beschämung lesen.

Ich zitiere den Feldmarschall von Reichenau, Oberbefehlshaber der 6. Armee, und das Beispiel möge genügen, um den moralischen Niedergang unserer obersten Befehlshabenden, ihre Unterwerfung unter den Gefreiten aus Niederösterreich, vor Augen zu führen.

"Das wesentliche Ziel des Feldzuges gegen das jüdisch-bolschewistische System ist die völlige Zerschlagung der Machtmittel und die Ausrottung des asiatischen Einflusses im europäischen Kulturkreis. Hierdurch entstehen auch für die Truppe Aufgaben, die über das hergebrachte einseitige Soldatentum hinausgehen. Der Soldat ist im Ostraum nicht nur ein Kämpfer nach den Regeln der Kriegskunst, sondern auch Träger einer unerbittlichen völkischen Idee und der Rächer für alle Bestialitäten, die deutschen und artverwandten Völkern zugefügt wurden. Deshalb muß der Soldat für die Notwendigkeit einer harten, aber gerechten Sühne am jüdischen Untermenschen volles Verständnis haben. Sie hat den Zweck, Erhebungen im Rücken der Wehrmacht, die erfahrungsgemäß stets von Juden angezettelt werden, zu ersticken."

Ich sagte, das Beispiel möge genügen. Es finden sich andere, teilweise noch schärfere Befehle bei den Generalen Manstein, Hoepner, Hoth, ja Brauchitsch und sogar Rundstedt. Überall ist von härtesten Maßnahmen, vom nackten Kampf der Germanen gegen die Slawen, von Daseinskampf des deutschen Volkes, von der erbarmungslosen völligen Vernichtung des Feindes, von der Aussetzung der Regeln der normalen Kriegführung die Rede, nur spärlich umkleidet mit dem Mäntelchen der europäischen Kultur, die es zu retten gelte. Und der Hauptgegner ist klar designiert: der Jude, der Verderber der Völker, der Untermensch schlechthin, den es ohne jede Schonung auszumerzen gelte.

Was diese Generale dort schrieben, war einwandfrei nationalsozialistische Phraseologie, aus der Partei-Kladde abgeschrieben, aus antisemitischem Urschlamm genährt. Wurde ihnen das befohlen? Der Verdacht liegt nahe, daß die Herren das aus eigenem Antrieb taten. Reichenau sorgte dafür, daß der Befehl - er datiert vom 6.Oktober 1941, also nach Beginn des Feldzugs, während andere, wie bei Hoepner, schon im Mai des gleichen Jahres konzipiert wurden - bis nach unten allen Truppenteilen seiner Armee durchgegeben werde. Brauchitsch, damals Oberbefehlshaber des Heeres, billigte die Texte ausdrücklich und reichte sie nach oben weiter. Der Führer äußerte sich zufrieden darüber. Das war ja genau das, was er dem deutschen Volk in seiner 14jährigen "Kampfzeit" als Theorie in die Köpfe gehämmert hatte. Und nun würde es in der Praxis zur Anwendung kommen, auf einem Versuchsfeld, das seiner Weite und seiner Entfernung von den Gestaden der zivilisierten Welt wegen als geradezu ideal angesehen werden konnte.

Schauen wir uns den Reichenau-Befehl etwas genauer an. Es gibt darin einen bezeichnenden Satz, der allen späteren Verbrechen Tür und Tor öffnet. "Hierdurch entstehen auch für die Truppe Aufgaben, die über das hergebrachte einseitige Soldatentum hinausgehen." Interessant ist das Wörtchen "auch". Warum nicht einfach "für die Truppe"?

Reichenau wußte um die Verbrechen, die von der Nicht-Truppe in Polen und auf dem Balkan verübt wurden. Die Nicht-Truppe, das waren die anderen, die SS-Einsatzgruppen, die Polizei-Bataillone, die Sondereinheiten z.b.V. (zur besonderen Verwendung), die die Schweinereien machten, mit denen man nichts zu tun hatte, gegen deren Untaten einer seiner Kollegen, der General Blaskowitz, sogar protestiert hatte, gleichwohl deswegen von Brauchitsch zurechtgewiesen worden war. Die Fiktion also, man sei der anständige Teil der deutschen Kriegsmaschinerie, und die Verbrechen würden von den anderen, von der Partei und der SS, begangen, war bis zum 22. Juni 1941 aufrechterhalten worden.

Nun aber hieß es, in einem offiziellen Befehl des Oberbefehlshabers einer Armee des deutschen Heeres, daß "auch für die Truppe", also für die Soldaten mit dem Hoheitsadler auf dem anständigen Teil des Uniformtuches, "Aufgaben entstehen, die über das hergebrachte einseitige Soldatentum hinausgehen". Hinausgehen bis wohin? Und was heißt überhaupt "einseitiges Soldatentum"? War das einwandfreie Verhalten der deutschen Wehrmacht in Polen, Frankreich und Norwegen dem Herrn Feldmarschall zu einseitig? War das Hergebrachte plötzlich nicht mehr gültig?

Man muß sich fragen, was in diese Herren gefahren war. Hatten sie alles, was sie erfahren, gelernt, anerzogen bekommen hatten, mit ihren goldbetressten Mützen an der Garderobe abgegeben, als sie im Dezember 1940 vor ihren Führer traten, um den endgültigen Befehl für "Barbarossa" zu empfangen? Ihre christlicher Erziehung, die sie zur Nächstenliebe, auch dem geschlagenen Gegner gegenüber, verpflichtete? Ihren Ehren-Kodex, der ihnen ein ritterliches Verhalten im Kriege vorschrieb. Ihr Traditionsverständnis, das auf einer langen Ahnenreihe preußisch-deutscher Offiziere fußte und sie anhielt, für Zucht und Ordnung in ihren Reihen zu sorgen? Wie kam es, daß sie ohne öffentliches Aufbegehren - in ihrem Inneren mag es Revolte gegeben haben - die Schandbefehle erdachten und weitergaben, die Hitler von ihnen erwartete? Waren sie dem Verführer so total ergeben, daß sich bei ihnen das zivilisierte Gewissen ausschaltete? Oh ja, das waren sie. Sie hatten Hitler gewollt, und sie hatten die Aufrüstung begrüßt, und sie hatten, wenn auch teilweise widerwillig, den Angriffskrieg hingenommen. Und in Hitler erkannten sie den Gottgesandten, der gekommen war, Deutschland nach der Niederlage von 1918 zu neuer Größe zu führen. Aber darüber wird noch zu sprechen sein.

Ich möchte noch einmal auf den Präventivkrieg der Deutschen gegen die tödliche Bedrohung aus dem Osten zu sprechen kommen, der so vielen heute noch als Beruhigungspille für das eigene Gewissen zu Hilfe kommt. Der Panzerleutnant

August Kageneck kann dazu nur aus eigenem Horizont aussagen, und der war sehr beschränkt. Genau genommen betraf
er das Blickfeld, das man von einem Horch-Panzerspähwagen
der Wehrmacht im Sommer 1941 hatte. Höhe 2,20 Meter,
Tiefe je nach Gelände bis zu vier Kilometer. Seine Division
kam erst einige Tage nach Beginn des Feldzugs zum Einsatz,
da sich Teile beim Anmarsch aus dem Sudetenland verspätet
hatten. Aber dann ging es zügig. Zu zügig, als daß man von
einem Zusammenprall zweier zum Angriff aufmarschierten
Armeen hätte sprechen können. Der Leutnant war, seiner
Waffengattung entsprechend, immer ganz vorneweg, hatte
also einen gewissen Überblick über den Feind, der gerade vor
einem stand. Und dieser Feind lief weg, stellte sich zuweilen,
kämpfte auch mal ausdauernd, um aber dann wieder auszu-
weichen. Seine Panzer waren veraltete Modelle aus den zwanziger Jahren und nicht sonderlich zu fürchten. Ganz offensichtlich war er von unserem Angriff überrascht worden, denn
das erste, was der Leutnant sah, war eine geschlossene sowjetische Marschformation, die von unserem Artillerieschlag zu-
sammenkartätscht worden war, auf dem Marsch zur Ab-
lösung.

Natürlich hatten wir alle die offizielle Version im Kopf, daß
wir dem Russen zuvorgekommen waren und nun in seine
Angriffsformationen hineinstießen. Aber wo waren diese? Es
ging ja alles sehr schnell. Am 29., also acht Tage nach
Angriffsbeginn, waren wir über den Bug, am 1.7. in Lemberg,
am Tag darauf in Tarnopol, am 10.7. in Schitomir, am 16.7.
vor Kiew, einen Monat darauf in Krivoi-Rog, und am 25.8. in
Dnjepropetrowsk. Der halbe Weg nach Moskau. Und was hatten wir alles eingesackt. Ganze Armeen. 250 000 in Uman,
das Dreifache hinter Kiew. Nur wir hier im Süden. Die Kame-

raden in der Mitte und im Norden hatten sich nicht lumpen lassen. Die Rote Armee war offenbar ein Papier-Tiger gewesen. Ganz wie erwartet, nach dem Schlamassel in Finnland. Halder, unser Generalstabschef im Hauptquartier, jubelte am 3. Juli schon: "Im Ganzen kann man schon jetzt sagen, daß der Auftrag, die Masse des russischen Heeres vorwärts Düna und Dnjepr zu schlagen, erfüllt ist ... Es ist wohl nicht zu viel gesagt, wenn ich behaupte, daß der Feldzug gegen Rußland innerhalb von 14 Tagen gewonnen wurde. "Innerhalb von 14 Tagen, also einem Drittel der Zeit, die er zur Niederringung Frankreichs gebraucht hatte, glaubten Hitler und seine Generale die größte Landstreitkraft des euro-asiatischen Kontinents geschlagen zu haben. Und das gegen eine Streitmacht, die angeblich zum tödlichen Schlag gegen Deutschland bereitgestellt war. Das konnte doch nicht mit rechten Dingen zugegangen sein.

Und das war es auch nicht. Stalin war überrascht worden. Er glaubte lange nicht, daß sein Komplize Hitler ihn wirklich in die Pfanne hauen würde. Natürlich war er auf der Hut. Gangster untereinander sind immer auf der Hut. Und Stalin war ja beileibe kein geringerer Verbrecher als Hitler. Und weil er auf der Hut war, hatte er vorsichtshalber einen großen Teil seiner aktiven Truppen im Westen seines Landes stationiert. Das war sein gutes Recht. Man wußte ja nie. Als er seinen Außenminister Molotow im November 1940 zu Hitler nach Berlin geschickt hatte, um zu erkunden, was man sich bei der großen Aufteilung in Osteuropa noch friedlich und in Übereinstimmung mit den Deutschen einverleiben könne, wo man Interessensphären aushandeln und "claims" abstecken könne, hatte es beim deutschen Diktator gefährlich gefunkt. Das Treffen war total in die Hose gegangen. Von nun an hieß es aufpassen, und keinerlei Anlaß zum Losschlagen bieten. Man blieb korrekt bis zum Schluß und lieferte die Waren, die man verabredet hatte. Die letzten sowjetischen Ölzüge liefen am Morgen des 22. Juni in das deutsche Artilleriefeuer hinein.

Und Stalins Truppen saßen in der Falle. Wie vorher die polnischen und die französischen. Denn auch diesmal schlug die deutsche Panzerzange, wiederum hervorragend geführt, zu und schloß ihre stählernen Arme um Korps und Armeen im erdbraunen Tuch. Bis zum Mittag des Tages wollte der Eiserne im Kreml nicht daran glauben, zürnte seinen Generalen, die ihm vom deutschen Angriff Meldung machten. Dies wird alles sehr genau von dem ungarischen Historiker Peter Gosztony in seinem Buch "Hitlers fremde Heere" geschildert, der schon in den siebziger Jahren Zugang zu sowjetischen Archiven erhalten konnte. Es ist nahezu erschütternd zu lesen, wie sehr die sowjetische Führung damals der Lage nicht gewachsen war und eigentlich erst vor Moskau wieder zur Selbstsicherheit zurückfand. Das kommt auch im umfangreichen ersten Band der monumentalen Geschichtsreihe "Die Sowjetunion im Zweiten Weltkrieg" zum Ausdruck, wo Generale Stalins, die damals Divisionen und Korps führten, ihrer Verzweiflung vor dem unaufhaltsamen deutschen Vordringen und dem totalen Versagen ihrer Truppen Ausdruck geben. Und das sollte die zum Angriff auf den Westen bereitstehende Stoßtruppe der Weltrevolution gewesen sein? Über das wahre Gesicht der Sowjetunion hat man sich oft getäuscht. Damals, den ganzen Kalten Krieg über und bis zur Deutschen Wiedervereinigung.

Was nun unsere Verbündeten von damals angeht, die Europa, das von uns unterworfene und beherrschte Europa uns zur Verfügung gestellt hatte, die an unserer Seite marschierten bis zum Untergang in Stalingrad, von denen wir glaubten, daß sie wie wir an den Kreuzzug gegen das jüdisch-asiatisch-bolschewistische Reich des Bösen glaubten, so bin ich nicht so sicher, daß sie mit begeistertem Herzen dabei waren. Die ungarischen Offiziere, die im Sommer 1941 mit uns am Dnjepr standen und auf das andere Flachufer starrten, hinter dem sich das Riesenreich ausdehnte, schienen mir resigniert und kleinmütig. Sie hatten so ihre Erfahrung mit Kreuzzügen. Ihr Landsmann Gosztony resümiert im Vorwort zum zitierten Buch ihre Situation: "Mein Buch ist gleichzeitig ein verspätetes Requiem für den überwiegenden Teil dieser Soldaten ost- und südosteuropäischer Nationalität, die für falsche Verheißungen und (symbolisch gesehen) unter einer fremden Fahne in die Sowjetunion zogen, gegen ein Land, das zu jenem historischen Zeitpunkt weder für sie noch für ihre Heimat effektiv der Feind war."

Und was den eigentlichen Charakter dieses Feldzuges angeht, so wurde er dem Panzerleutnant August Kageneck schon sehr bald, am 4. oder 5. Juli 1941, offenbar. Seine Division hatte die Stadt Tarnopol in Ostgalizien genommen und war stürmisch weitergerückt, bis ein Regenguß sie ein paar Kilometer weiter stoppte. Er hatte einen seiner Soldaten nach Tarnopol zurückgeschickt, um einen beschädigten Panzerspähwagen nachzuführen. Dort wurde der Soldat Zeuge des Mordes an den Juden der Stadt. Er hat dies seinen Kameraden nach seiner Rückkehr berichtet. Diese waren ungläubig, indifferent oder empört, je nach Temperament und Grad der ideologischen Vergiftung. Der Mord ist inzwischen vielfach bestätigt worden. Er blieb ja auch nicht der einzige, wie noch zu hören sein wird. Lange glaubten wir, es sei die Waffen-SS-Division "Wiking" gewesen, die nach uns in die Stadt eingerückt war. Erst sehr viel später erfuhr man, daß es eine der berüchtigten Einsatzgruppen der SS gewesen war. Sie unterschied sich von den Truppen der Waffen-SS nur durch ein winziges Detail, auf das mich einer ihrer ehemaligen Angehörigen 54 Jahre danach aufmerksam machte: an Ihren Kragenspiegeln fehlte die doppelte Sigrune. Wie aber hätte mein Zeuge wissen können, daß es außer der Waffen-SS noch andere, zu ganz anderen Zwecken bestimmte SS-Verbände gab, die sich in unserem Rücken tummelten und oft mit den reinen Kampftruppen verschwammen, eben jene berüchtigten Einsatzgruppen des SD. Im Falle Tarnopol war es das Soko (Sonderkommando) 4b unter Hauptsturmführer Bussinger, der Einsatzgruppe C unter Einsatzgruppenchef Otto Rasch zugehörig.

Mit oder ohne doppelte Sigrune am Kragenspiegel. Hoheitsadler rechts oder links. Die Mischung war eingeleitet. Durch höchsten Befehl. "Auch" die Truppe hatte "Aufgaben zu übernehmen, die über das hergebrachte einseitige Soldatentum hinausgehen." Die Schleusen waren geöffnet für alle Bestialitäten, und Ströme von Blut würden sich durch sie ergießen, Ströme von unschuldigem Blut.

Kapitel 4

Von der feinen Art, Lebensraum zu gewinnen

"Am 1. Juli, eine Woche nach dem deutschen Überfall auf Rußland, erreichten die Nazis Riga. Damals erfuhr ich zum ersten Mal, daß die Juden in ihrer Gesamtheit ausgerottet werden sollten. Lautsprecher plärrten es auf den Straßen, Zeitungen schrieben es. Und ich sah mit eigenen Augen, wie der Plan Gestalt annahm. Der Blitzsieg der Faschisten überzeugte uns, daß unsere Tage, im wahrsten Sinne des Wortes, gezählt waren. Und die blutige Konkretisierung schritt programmässig fort. Ich war überzeugt, daß wir alle untergehen würden."

Mit diesen Worten beginnt Meir Levenstein, ein heute in Israel lebender 87jähriger Jude aus Riga, seinen erschütternden Lebensbericht. Er hat den Holocaust erlebt. Was er erlitt, ist nicht vorstellbar. Es sprengt die Grenzen des Verständnisses menschlicher Bosheit. Es ist eine unerträgliche, furchtbare Anklage gegen die Verbrechen, welche Deutsche, und unter ihrer Verantwortung arbeitende willige lettische Hilfs-Faschisten, an den europäischen Juden, darunter auch deutschen, im Baltikum, altem deutschen Kulturland, "Vorposten des Abendlandes gegen das Slawentum", während des letzten Krieges begangen haben.

In der Einleitung schreibt der Historiker Ariel Goral-Sternheim: "Die Besetzung Rigas durch deutsche Truppen erfolgte am 1. Juli 1941. Das für die Hauptstadt zuständige Einsatzkommando, das die Vernichtungsaktion gegen die Juden und zur "Befriedigung des lettischen Raums" durchführen sollte, traf am 3. Juli ein ... Mit der Ermordung der Juden durch die deutschen Sonderkommandos - an diesen Vernichtungsaktionen beteiligten sich auch deutsche Heeresgruppen - gingen Pogrome durch lettische faschistische Gruppen einher ..."

Hören wir noch einmal Meir Levenstein über die ersten Tage in Riga unter dem deutschen Stiefel. "Die Deutschen beherrschen Riga. Deutsche Soldaten marschieren im Stechschritt durch die Straßen, unter ihren eisenbeschlagenen Stiefeln sprühen Funken aus dem Pflaster. Ohne jeden Skrupel beseitigen die neuen Herren jeden, der ihnen nicht paßt - und viele passen ihnen nicht. Die Straßen erhalten neue Namen. Büros, Theater, Kinos und Schulen werden deutsch. Lettische Soldaten erhalten deutsche Uniformen. Die Musterung für die SS beginnt. Für die Mörderhorden, die die "Neue Ordnung" in Europa schaffen sollen. Die sadistische Behandlung der Juden, die Verhaftungen und Morde beginnen mit dem ersten Tag der Besetzung ... Die bewaffneten Letten drangen in die Häuser ein, verprügelten die Bewohner grausam und plünderten nach Herzenslust ... Das große Gebäude des Polizeipräsidiums war bald voll prügelnder Letten und stöhnender Juden. Viele sah man sich im Blut wälzen. Die Frauen wurden in die Keller geschleppt, gewaltsam entkleidet und geschändet ..."

Mit deutscher Gründlichkeit begann dann am 3. Juli das Vernichtungsprogramm. Erst kamen die lettischen Juden dran, dann die Juden aus Deutschland, Holland, Belgien und Frankreich. Die SS-Administration wußte, daß man in Lettland keine unangenehmen Zeugen, dafür aber äußerst beflissene

Helfer haben würde. Und so wurde Riga zu einer der größten Mordstätten des Holocaust. Wie an vielen Orten anderswo, hat man nie genau feststellen können, wieviele Menschen wirklich umkamen. Allein die Zahl der ermordeten baltischen Juden ist mit 294.000 ermittelt worden. Hinzu kommt mindestens das Dreifache an Opfern aus dem übrigen Europa, darunter auch österreichische und tschechische Juden.

Der Leidensweg dieser Unglücklichen ist oft beschrieben worden. Die überfüllten Züge, tage- und nächtelange Transporte, ohne Wasser, ohne Essen, ohne Halt zur Notdurft, in Güterwagen. Das Herausprügeln bei der Ankunft im Rigaer Güterbahnhof Shirotawa, die Trennung der Familien, Erschießungen schon auf dem Bahnhofsgelände, der Transport, auf Pferde- und Lastwagen in den nahe gelegenen Wald von Bikernieki, dort die finsteren Gruben mit den SS-Schützen, die auf den Rändern sitzen, die Zigarette im Mundwinkel, neben sich die Wodka-Flasche, die Maschinenpistole quer über den Schenkeln. Ein Handzeichen. "Vorrücken". Nackte Menschen, die auf nackte Leiber hinuntersteigen, sich hinlegen. Die Salve ...

Das grenznahe Baltikum war sozusagen der erste Exerzierplatz. Die dort gemachten Erfahrungen kamen dann, immer perfektionierter, an anderen Orten zur Anwendung, in Wilna, Minsk, Shitomir, Dubno, Tarnopol, Charkow, ja bis hin nach Elista, in der Kalmückensteppe südwestlich Stalingrad, wo Soldaten der 116. Panzerdivision dem Gemetzel zuschauten und hinterher die Kameraden von der SS baten, ihnen die Judenschuhe für ihre russischen Hiwis zu überlassen, wie mir ein Augenzeuge berichtete.

Ebenso wenig wie ich hier Heldentaten deutscher Landser an den Fronten dieses Krieges wiedergeben möchte, will ich mich lange mit Schilderungen der Mordtaten der SS-Landser aufhalten. Aber es ist gut, zu wissen, was geschah, wenn man sich prüfen und hinterfragen will, wieso wir alle zum Werkzeug einer monströsen Unternehmung wurden. Denn Wissen, Forschen, Erfahren ist schon viel. Und das kann jeder, der nicht die Augen verschließt. Ob man auch zum Verstehen kommt, ist eine andere Frage.

Hans Robert Jauss, Leiter der "Schule von Konstanz" und Philosoph, ehemaliger Waffen-SS-Offizier und nachweislich reiner "Frontkämpfer", hat sich unlängst in einem Interview mit einer französischen Zeitung diesem Verstehen verweigert, da ein Verstehen auch eine gewisse Zustimmung erheische. Er müsse sich daher das Verständnis versagen für etwas, was er moralisch nicht billigen könne. Jauss geht noch weiter, indem er sagt: "Denn wenn man alles verstehen kann, kann man auch alles verzeihen, und das ist unmöglich. Man kann den Genozid der Nazis nicht verstehen, denn ihn verstehen, hieße ihm zuzustimmen. Wenn wir also fortfahren müssen, das Geschehene zu erforschen und in uns aufzunehmen, um zu begreifen, bis zu welchem Punkt die Mechanismen des Nazi-Reiches geführt haben, so müssen wir uns weigern, sie zu verstehen."

Das ist sehr philosophisch und moralisch zugleich und vielleicht nicht nachzuvollziehen. Es zeigt jedenfalls die tiefe Wandlung in einem unmittelbar Implizierten. Eine Wandlung, die ja bei weitem nicht alle vollzogen haben.

Und so kann ich nicht umhin, einige Zeugnisse aus jener Zeit anzuführen, um das Wissen zu unterbauen. Das Zeugnis meines Spähtrupp-Soldaten, der mir über die Vorgänge in Tarnopol berichtete. Er erzählte mir, die SS-Leute hätten am Schluß, des Schießens müde, ihre Opfer mit Spaten erschlagen, vermutlich, um Munition zu sparen. Diese Aussage meines Untergebenen wird bestätigt im Brief eines gewissen F. vom 6. Juli 1941 aus Tarnopol an seine Eltern, der in der Ausstellung "Vernichtungskrieg. Verbrechen der Wehrmacht 1941 bis 1944" zu sehen ist.

"Die Rache folgte auf dem Fuße. Gestern waren wir mit der SS gnädig, denn jeder Jude, den wir erwischten, wurde sofort erschossen. Heute ist es anders, denn es wurden wieder 60 Kameraden verstümmelt gefunden. Jetzt müssen die Juden die Toten aus dem Keller herauftragen, sie hinlegen, und dann werden ihnen ihre Schandtaten gezeigt. Hierauf werden sie nach Besichtigung der Opfer erschlagen mit Knüppeln und mit Spaten."

Der katholische Priester Waldemar Posch diente als Sanitätssoldat in einer Sanitätseinheit meiner Division. Diese war nach dem Abzug unserer Kampftruppen in Tarnopol zurückgeblieben, um sich der Verwundeten anzunehmen. In seinem Tagebuch, im Mitteilungsblatt der Division abgedruckt, erzählt er, wie er am darauffolgenden Tage durch die Straßen der Stadt geht, "überall Leichen" sieht. In einem zerstörten und geplünderten Kaufhaus stößt er auf einer Treppe auf einen Toten, dem man einen Stock durch den Schädel getrieben hat. Aber der Pater bleibt merkwürdig diskret in seinen Angaben, nirgendwo ist von Juden die Rede bei den Toten. Gebotene Vorsicht bei Abfassung eines Diariums, das in die Hände eines Denunzianten fallen konnte.

Im Buch der Zeithistoriker Wilhelm Krausnick und Hans-Heinrich Wilhelm "Die Truppe des Weltanschauungskrieges", welches schon 1981 erschien, seines enormen Umfangs wegen aber nur von Fachleuten gelesen wurde, wird eindeutig dokumentiert, wie eng die Einsatzgruppen der SS mit den Wehrmachtstellen zusammenarbeiteten. Sie waren förmlich auf Zusammenarbeit mit diesen angewiesen. Folgten ihnen dicht auf dem Fuße. Verschmolzen beim raschen Vormarsch in Weißrußland und der Ukraine mit ihnen. In Berichten der Gruppenleiter an ihre Dienststelle in Berlin wird häufig auf das gute Einvernehmen mit Wehrmacht-Kommandeuren und deren verständnisvolle Einstellung hingewiesen. Sie waren motorisiert, damit sie schnell auf die vorstürmende Truppe aufschließen konnten. Und sie verrichteten ihre Arbeit nicht selten unter den Augen von Soldaten der Wehrmacht, wobei diese zuweilen als Absperrtruppe dienten.

Viele also wurden Zeugen. Wieviele? Hunderttausende? Millionen, wie das die Organisatoren der erwähnten Ausstellung behaupten?

Ich zweifle nicht, daß viele, zu viele davon wußten. Es sprach sich herum. Man machte "Judenwitze". Die Reichseinheitsseife, die die Soldaten benutzten und deren schaumlose Körnigkeit mir in schmerzlicher Erinnerung ist, trug die sibyllinischen Buchstaben "RIF", von den Landsern mit "Reines Judenfett" interpretiert. Ich habe persönlich keiner Exekution beigewohnt. Unerhörter Glücksfall. Ich habe auch nie eine durchführen müssen. Rußland war groß, man konnte nicht alles sehen. Aber es wurde kolportiert, wie die Juden in den ukrainischen Städten und Orten zusammengetrieben, abtransportiert wurden. Wie man Schüsse aus dem benachbarten

Wald hörte, die sich keiner zu erklären wußte. Als ich im Sommer 1942 in einem Lubliner Lazarett lag, hörte ich regelmäßig Salvenfeuer aus näherer Umgebung vor den Fenstern. Eine Krankenschwester erläuterte mir, es seien Ehrensalven über Gräbern verstorbener Verwundeter. Ich gab mich damit zufrieden bis zu dem Tag, an dem ich vom Balkon eines Nachbarlazaretts aus in ein Konzentrationslager blicken konnte. Brüllende Kapos, peitschenschwingende SS-Obere, kleine französische Beutepanzer, die durch die Lagergassen fuhren, halbverhungerte Gestalten, die sich gebeugt zu irgendeiner Arbeit begaben. Es war, wie ich heute rekonstruieren kann, ein Nebenlager von Maidanek, Vernichtungsfabrik am Stadtrand von Lublin.

Hören wir, was dem Oberwachtmeister Soennecken widerfuhr, der von Freitag, den 17. bis Montag den 20. Oktober 1941 dienstlich im weißrussischen Borissow an der Beresina zu tun hatte. Er war Dolmetscher bei der Abwehr im Stab der Heeresgruppe Mitte, welche im Sommer kurzfristig hier Hauptquartier bezogen hatte. Sein Zeugnis ist bei Krausnick zu lesen.

Soennecken hörte gleich bei seiner Ankunft vom Leiter der russischen Sicherheitspolizei, Ehof, den der SD eingesetzt hatte, daß in der Nacht von Sonntag auf Montag alle Juden in Borissow erschossen werden sollten. Auf seine erstaunte Frage hin, man könne doch unmöglich 8.000 Menschen in einer Nacht ordnungsgemäß ins Jenseits befördern (sic), antwortete dieser, es wäre nicht das erste Mal, daß er sowas tue, er werde das mit seinen Leuten schon schaffen, darin sei er kein Laie mehr.

Nein, Ehof, von den Deutschen eingesetzt, war kein Laie mehr. Er schaffte das. Die Exekutionen begannen schon um 3 Uhr morgens in der Nacht zum Montag. Vorher, am Nachmittag des Sonntag, hatte es noch ein deutsch-russisches "Polizeifest" gegeben zu dem Soennecken eingeladen worden war.

Soennecken: "Man hatte zuerst die Männer fortgeholt. Sie wurden in russischen Autos zur Richtstätte gefahren, begleitet von den hierzu abgestellten Männern der Borissower russischen Sicherheitspolizei ... Ich sah auf der Straße Polotzkaja Uliza, die zum Flugplatz führt, in größeren Abständen diese Wagen mit Frauen und Kindern fahren. Auf dem Verdeck, mit MPi im Anschlag, saß unter anderem ein russischer Polizist. Die darauf befindlichen Frauen und Kinder weinten, wimmerten und schrien um Hilfe, sobald sie einen deutschen Wehrmachtsangehörigen sahen. So fuhr ein Wagen nach dem anderen den ganzen Tag lang der Richtstätte zu, die sich im Walde in der Gegend des früheren Stabsquartiers der Heeresgruppe Mitte befand. Außerdem wurden, da die Autos nicht ausreichten und die Zeit drängte, fortwährend Züge von Frauen und Kindern die bereits beschriebene Straße heruntergetrieben, zum Teil mit Eisenstangen. Es standen auch an der Peripherie des Ghettos, also an derselben Straße, Gruppen von Judenweibern und Kindern, auch Säuglinge in den Armen der Mütter, zum Abholen bereit! In der Ebene knatterten den ganzen Tag über die Gewehre, die Frauen und Kinder weinten und schrien, die Autos rasten durch die Straßen und das Ghetto und holten immer neue Opfer heran, und das alles vor den Augen der Zivilbevölkerung und der deutschen Militärpersonen, die des Weges kamen ... Es muß noch nachgetragen werden, daß gegen Abend deutsche Wehrmachtsangehörige zur Absperrung des Ghettoblocks angefordert wurden, um das Ausbrechen der Juden zu verhindern. Wie ich hörte, sollen auch einige Juden aufgegriffen und der russischen Sicherheitspolizei zur Erschießung übergeben worden sein ... Kurz vor meiner Abreise zur Front traf ich zwei deutsche Soldaten, einen Gefreiten und einen Obergefreiten, die aus Neugier diesen Exekutionen aus nächster Nähe beigewohnt hatten und die die von mir angestellten Ermittlungen voll und ganz bestätigten. Sie fügten noch hinzu, daß die russischen Polizisten sehr viel Schnaps bekommen hätten, denn sonst wären sie wohl kaum in der Lage gewesen, ihre schwere Arbeit zu verrichten."

Der Bericht Soenneckens hat den Duktus einer offiziellen Meldung, die er offensichtlich für seine Vorgesetzten abfertigen mußte. Was haben sich die Offiziere, die das lasen, eigentlich gedacht? Was ging in den Köpfen der Landser vor sich, die sich das Gemetzel "aus Neugier" angesehen hatten? Was sagten sie zu diesem Rückfall in die absolute Barbarei, der sich da vor ihren Augen vollzog? Hat der Feldmarschall Fedor von Bock, Oberbefehlshaber der Heeresgruppe Mitte, den Bericht Soenneckens gelesen? Hat er protestiert?

Fügen wir zur Abrundung noch einen Auszug aus dem Tagebuch eines Exekutanten hinzu. Er war kein russischer Hilfswilliger, sondern ein Deutscher, der SS-Unterscharführer Arlt von der I. Kompanie eines Bataillons der Waffen-SS z.b.V. unter dem Kommando des SS-Obersturmführers Friedrich Stoertz. Er war mit einer Gruppe von sieben Mann nach Minsk abkommandiert worden und hatte am 3. August 1942 einen Tätigkeitsbericht über seine Handlungen abgefertigt.

Auszüge:

"23.7. Die Arbeit der restlichen Männer hier in Minsk bleibt nach wie vor dieselbe. Die Judentransporte trafen in regelmäßigen Abständen in Minsk ein und wurden von uns betreut. So beschäftigten wir uns bereits am 18. und 19. mit dem Ausheben von Gruben im Siedlungsgelände.

Am 26.7. traf der erwartete Judentransport aus dem Reich ein. Tags darauf räumten wir das Judenghetto in Slonim. Etwa 4.000 Juden wurden an diesem Tage der Erde übergeben.

Am 30. Juni kehrten wir nach Minsk zurück. Die folgenden Tage waren mit Sachinstandsetzen, Waffenreinigen, Waffendurchsicht ausgefüllt. Am 2.7. wurden bereits wieder Vorkehrungen zum Empfang eines Judentransports getroffen, Ausheben von Gruben u.s.w. 21., 22., 23. Ausheben neuer Gruben. 28.7. Großaktion im Minsker russischen Ghetto. 6.000 Juden wurden zur Grube gebracht ..."

Der Bericht ist auf Seite 242 des offiziellen Waffen-SS-Organs abgedruckt. Titel der Veröffentlichung: "Meine Ehre heißt Treue". Es war die Devise der Waffen-SS.

Einer, der auch einmal aus Neugier zu solch einer Grube gegangen ist, hieß Axel Freiherr von dem Bussche. In Dubno in der Ukraine. Dort lag sein Reserve-Infanterieregiment. Es war im Spätsommer 1942. Axel ahnte, was er sehen würde. Am Vortage hatte sein Regimentskommandeur sich der Bitte des Gebietskommissars versagt, Männer seiner Einheit zur

Hilfe bei einer "Aktion" abzustellen. Was Axel sah, löste in ihm den Entschluß aus, Adolf Hitler zu töten. Es kam nicht dazu. Widrige Umstände, auf die er keinen Einfluß hatte, standen dem Attentatsversuch entgegen. Daran mag er sein Leben lang gelitten haben, wenngleich er nie davon sprach. Ich hatte den großen Vorzug, ihn wenige Jahre vor seinem Tod in Bonn zuweilen sehen zu können. Seine ernsten, forschenden Augen schauen mich, während ich dies schreibe, vom Umschlag des Buches an, das seine Freunde nach seinem Tod über ihn herausbrachten. Darin abgedruckt ist auch das, was er am 20. Februar 1947 vor Studenten seiner Göttinger Universität zur Frage des Eides sagte, den zu brechen er fest entschlossen war.

"Erlauben Sie mir, an dieser Stelle etwas zur Eid- und Schuldfrage zu sagen. Der Treueid ist eine aus dem Germanischen ins Christliche übernommene Bindung zwischen Führendem und Gefolgsmann. Er ist gewissermaßen ein Vertrag zwischen zwei Freien auf Gott. Er kann nach alter Auffassung sowohl vom Gefolgsmann als auch vom Führer gebrochen werden, wenn das göttliche Gesetz verletzt wird. Darüber hinaus ist zu bemerken, daß es alte Auslegungen gibt, nach denen der Gefolgsmann die Pflicht hat, sich aufzulehnen, wenn der Führer den Eid gebrochen hat. Ich bin der Meinung, daß der Eid in der Tat nicht einmal, sondern tausendmal vom Führer des Dritten Reiches gebrochen worden ist. Er ist also entstellt und in seinem innersten Wesen verkannt, wenn er - wie es immer noch geschieht - als ein Gängelband betrachtet wird, das den Vereidigten auf Gedeih und Verderb an die möglicherweise verbrecherischen Machenschaften seines Herrn bindet."

Nur wenige, sehr wenige, zu wenige, haben sich bis zu dieser Erkenntnis durchringen und den Bruch des Eides, diesen den Germanen unerhörten Vorgang, vollziehen können. Wir kennen ihre Namen und feiern Jahr für Jahr ihr Gedächtnis. Aber viele, zu viele meiner Generation sind noch heute innerlich im Zweifel. Würde man ihr Inneres erforschen können, so stieße man auf einen alten Zwiespalt. Den Zwiespalt eben zwischen Treueeid und der Erkenntnis des Verbrechens, zwischen Gehorsam und Auflehnung des Gewissens. Wieviele waren es, die Stauffenbergs Tat am Abend des 20. Juli 1944 billigten? Ich gehörte nicht zu ihnen! Sind es heute sehr viel mehr? Wieviele mögen es sein, die darüber hinaus Hitler noch mit Deutschland identifizieren, im Umkehrschluß der Verurteilung des Attentats?

Sind es nicht viele meiner Generation, die rundweg allen Offizieren, die sich nach der Katastrophe von Stalingrad in den Gefangenenlagern der Sowjetunion dem "Bund deutscher Offiziere" anschlossen, unterschiedslos jedes ehrenhafte Verhalten absprechen? Nicht wenige dieser tragischsten Opfer des Hitlerschen Wahnsinns in den eigenen Reihen hatten sich spontan und aus nachvollziehbarer Empörung gegen den Verderber ihres Vaterlandes aufgelehnt, den Krieg zu dem sie mißbraucht worden waren und in dem man sie an der Wolga hatte verkommen lassen, als verdammungswürdig abgelehnt. Daß sie sich dabei in die Hände des Gegners von gestern begaben, aus Zorn und Verachtung, vielleicht auch in romantischer Anlehnung an historische Vorbilder in der preußisch-deutschen Geschichte, mag schuldhafte Verstrickung gewesen sein. Aber haben wir deswegen das Recht, ihnen unterschiedslos und ausschließlich niedere oder vorteilheischende Motive zu unterstellen? Hätte nicht auch mancher von ihnen Anspruch darauf, in die Reihen derer eingereiht zu werden, die Widerstand gegen Hitler leisten wollten?

Fragen wir uns ruhig, ob es nicht zu viele sind, die heute noch glauben, Adolf Hitler habe von Anfang an einen gerechten Krieg geführt und insbesondere das Abendland vor dem Bolschewismus zu retten versucht. Die sagen, der Westen, das heißt unsere damaligen Gegner Amerika und England, schuldeten den Deutschen heute noch Dank dafür, die rote Flut an der Elbe aufgehalten zu haben. Briefe, die ich zur Besprechung Adalbert Weinsteins in der FAZ zu meinem französisch verfaßten Buch "Examen de Conscience" erhielt, machen mich da skeptisch. Wer aber so argumentiert, identifiziert sich mit den Kriegszielen des Mannes, der die "rote Flut" durch seinen unprovozierten Angriffskrieg losgetreten hatte.

Ich erlaube mir, Adolf Hitler aus "Mein Kampf", Seite 726, zu zitieren: "Einem Volk wird die Freiheit des Daseins nur durch eines gesichert: Lebensraum. Wenn wir aber von neuem Grund und Boden reden, können wir in erster Linie nur an Rußland und die ihm untertanen Randstaaten denken."

Verschließen also einige von uns nicht nach wie vor die Augen vor dem Geschehenen? Ganz gleich, ob sie es selbst gesehen oder erst im Nachhinein erfahren haben? Wer glaubt wirklich, daß sich dies alles ereignet hat, oder neigt zu der Ansicht, wie der Generalfeldmarschall von Manstein, dem zwei Offiziere seines Stabes als Augenzeugen von Judenmorden im Hinterland seiner Armee berichtet hatten, dies sei doch alles nur Propaganda des Londoner Rundfunks?

Meine eigenen Überzeugungen von der Unschuld des ganzen Unternehmens und seiner Durchführenden sind schon in den sechziger Jahren ins Wanken geraten, als ich für Peter von Zahn Filme in Afrika drehte. In einer kleinen Missionsstation im Norden der Elfenbeinküste traf ich auf einen Pater vom Orden der "Weißen Väter", einen Elsässer aus Colmar. Am späten Abend, unter den Klängen des Liedes von Lili Marleen, das aus einem krächzenden Grammophon drang, erzählte er mir, er sei Priester geworden, um gutzumachen, was er während des Krieges in der Uniform der Wehrmacht habe tun müssen. Er war im Partisanenkrieg eingesetzt gewesen. Dieser spielte sich nach den Regeln ab, die der Feldmarschall Keitel am 16. Dezember 1942 in einem mit "gekados" (Geheime Kommendosache) gezeichneten Befehl festgelegt hatte. Da war von Sein oder Nichtsein im Kampf gegen fanatische, kommunistisch geschulte Gegner die Rede, von einem Kampf, der nicht mehr nach den Regeln der Genfer Konvention über eine konventionelle Kriegführung oder mit ritterlicher Haltung zu führen sei, sondern mit äußerster Härte. "Aus diesem Grunde hat die Truppe das Recht und die Pflicht, in diesem Kampf ohne Hemmung alle Mittel einzusetzen, auch gegen Frauen und Kinder, wenn der Erfolg dies erheischt," hieß es darin. Und daß jedes Zeigen von Schwäche ein Verbrechen gegen das deutsche Volk sei. Und daß kein Deutscher, der an solchen Einsätzen teilnimmt, dafür bestraft werden könne. Damit waren die letzten Schranken gefallen. Die Soldaten hatten in ihren "Jagdkommandos" das alleinige, uneingeschränkte Recht über Leben und Tod. Und sie übten es aus, in der Gewißheit, ungestraft zu bleiben.

In einem Buch, das ich 1968 in Frankreich über meinen Krieg veröffentlichte, habe ich diese Begegnung mit dem elsässischen Priester erzählt. Ich bekam darauf viele Briefe von anderen Elsässern, die ähnliches zu berichten wußten. Man hatte sie offenbar mit Vorliebe zu solchen "Schweinereien" herangezogen, wie einige schrieben. Die vielen Hilfsvölker Großdeutschlands waren für die Schmutzarbeit gerade gut genug. Die "anständigen" Söhne des Reiches standen an der anständigen Front, da, wo sauber gegen den fanatischen Bolschewismus gekämpft wurde.

Und viele glaubten ja auch, dies zu tun, glauben bis heute, es getan zu haben. Daran ist auch nicht zu deuteln. Viele haben subjektiv "anständig" gekämpft. Waren sogar ritterlich. Behandelten die Zivilbevölkerung menschlich. Lebten wochenlang mit Russen in Katen-Symbiose und entdeckten erst da, daß das ganz vernünftige, liebenswerte, freundliche, dazu tief gläubige, Menschen waren von einem ganz anderen Schlage, als die Propaganda sie hinstellte.

Hierüber ist in vielen Frontberichten berichtet worden. "Iwan" und "Russki", zu "Hiwis " (Hilfswilligen) umfunktioniert, waren gute Kameraden, halfen, wo sie konnten, wurden entsprechend behandelt. Der Stabsarzt Dr. Heinrich Haape, Bataillonsarzt im III. Bataillon Infanterie-Regiment 18 aus Detmold, versorgte Dutzende von Zivilisten in den Dörfern der Winterstellungen 1941/42, wenn der Feind ihm Zeit dazu ließ, und nahm sich verwundeter Gegner an, wo immer er nur konnte. Im gleichen Regiment, dem meines gefallenen Bruders Franz-Joseph, trank der Regimentskommandeur "Korle" Becker, im Winter 1942/43 inmitten der harten Abwehrkämpfe vor Rschew mit seinen Offizieren auf das Wohl eines russischen Obersten, der sich in der Nacht vorher mit seinen Männern aus deutscher Umzingelung hatte befreien können.

In der Regiments-Chronik, die das berichtet, finde ich eine andere Stelle, die mir zeigt, daß die meisten "anständig" geblieben waren und erst ganz zum Schluß, und rein zufällig, die wahre Fratze des Regimes enthüllt bekamen, dem sie vier Jahre lang ihren Glauben, ihren Gehorsam und ihre Knochen zur Verfügung gestellt hatten. Der ehemalige Major und Ritterkreuzträger Ernst-Martin Rhein erzählt da, wie er im Winter 1944 in einem Quartier unweit von Krakau in Polen von einem volksdeutschen Burschen, der ihm den Kaffee bringt, erfährt, was im nahe gelegenen Auschwitz vor sich geht. Denn der Bursche hatte einen Schwager, der als SS-Wachmann im Lager diente. Der Bursche erzählt ihm alles, was er weiß, wenn auch zögernd und unter Inihndringen des Majors, denn er weiß, daß auf solche Aussagen die Todesstrafe steht.

Rhein schreibt: "Ich war wie gelähmt. Eine Welt brach in mir zusammen. Wenn das wahr war, was der Mann sagte, konnte man dann noch guten Gewissens für Deutschland kämpfen? In den folgenden Tagen und Nächten standen mir immer wieder Bilder von den getrennten Familien und ihrem grauenhaften Schicksal vor Augen."

Bei Rhein, einem untadeligen Mann, hatte sich also sofort das Gewissen gerührt, sobald er unleugbar Kenntnis von Verbrechen erhalten hatte. Das Gewissen, von dem Hitler einst zu Rauschning, dem Senatspräsidenten von Danzig, sagte, es sei eine jüdische Erfindung. Bei anderen hatte es früher geschlagen. Bei allen, die daraus ihren Widerstand ableiteten. Es schlug so stark, daß einige in ihrer Eidestreue schwankten und sich fragten, ob Deutschland den Krieg überhaupt gewinnen dürfe. Als der Rittmeister Philipp von Guttenberg, ein Mann aus meinem Bamberger Kavallerieregiment, nach einem Fronturlaub 1943 von seiner Mutter zum Münchner Bahnhof begleitet wurde, beugte er sich aus dem Fenster und raunte seiner Mutter zu: "Mama, wir müssen beten, daß Deutschland diesen Krieg nicht gewinnt." Er fiel acht Tage später vor Leningrad.

Der unlängst verstorbene Christoph Graf Schwerin, dessen Vater nach dem 20. Juli 1944 zum Tode verurteilt und hingerichtet wurde, schrieb mir einmal in einem Brief, was ihm seine Mutter in der anschließenden "Sippenhaft" erzählt hatte. Die Jungens aus ihrem Dorf in Mecklenburg seien, wenn sie Fronturlaub hatten, zu ihr gekommen, um bei ihr loszuwerden, was sie in Rußland an Verbrechen gesehen und erlebt hatten. "Zu Hause, bei Eltern und Geschwistern, alle völlig vernazit und unchristlich, hätten sie nie gewagt, davon zu sprechen!"

Christoph Schwerins Mutter hatte ihrem Sohn eines Tages erzählt, welche Rolle die verdunkelten Nachtzüge Königsberg - Berlin damals im Kriege gespielt hatten. Sie hatte es von ihrem Mann gehört, dem sie übrigens vorher nichts von dem zu erzählen gewagt hatte, was ihr die Fronturlauber aus dem Osten berichtet hatten, um ihm "das Herz nicht noch schwerer zu machen." In diesen Zügen, in den unbeleuchteten 1.- Klasse-Wagen, saßen sich Offiziere gegenüber, die sich nicht sehen konnten, und begannen zu sprechen, zu sprechen über das, was ihnen das Herz bedrückte. "Alles, was Dein Vater über Rußland gewußt hat, waren Informationen von Fahrten von Ostpreußen nach Berlin", hätte die Mutter hinzugefügt. Und der Sohn ergänzte mir gegenüber:

"Wahrscheinlich sind dabei auch Bekanntschaften entstanden, die im Sinne der Aktivitäten meines Vaters eine positive Fortsetzung hatten." Die positive Fortsetzung der Aktivitäten des Grafen Schwerin-Schwanenfeld waren der Kampf gegen Hitler im Widerstand - und der Heldentod am Galgen.

Ernst-Martin Rhein, den die Berichte seines Burschen über Auschwitz zutiefst erschüttert hatten, ist, wie er der Regiments-Chronik anvertraut hat, wenige Tage später anläßlich einer Besprechung beim Armeekorps zum Chef des Stabes, einem Oberst, gegangen und hat ihn gefragt, ob er wisse, was im KZ Auschwitz vor sich gehe? Der Oberst bejahte. "Darauf fragte ich, ob man angesichts solcher Verbrechen der eigenen Regierung es überhaupt noch verantworten könne, einen Befehl zu geben. Der Oberst öffnete eine Schreibtischschublade und reichte mir wortlos zwei Schriftstücke. Das erste war ein Aufruf des sowjetischen Chefpropagandisten Ilja Ehrenburg an die sowjetischen Soldaten vor dem Angriff auf Ostpreußen, in dem er sie aufforderte, im Lande der faschistischen Eroberer Rache zu nehmen, zu plündern. Und dann kam der Satz: 'Die blonden Frauen Eure Beute!' Das andere Papier war der Bericht einer Kommission über die Greueltaten, die die Russen bei ihrem ersten Eindringen auf ostpreußisches Gebiet verübt hatten. Ein Geistlicher, der gegen die Vergewaltigung der Frauen und die Tötung der Kinder protestiert hatte, war von der Soldateska gekreuzigt worden, indem man ihn an ein Scheunentor genagelt hatte." - "Und was sagen Sie dazu?" fragte mich der Oberst. "'Wir müssen als Soldaten verhindern, daß die Russen weiter nach Deutschland vorstoßen', war meine Antwort."

Rheins Antwort war wahrscheinlich die einzig mögliche. Sie war die Antwort eines Mißbrauchten, der von nun an in schwerstem Gewissenskonflikt kämpfte, aber dessen Kampf einen letzten, vielleicht den einzig wahren Sinn bekommen hatte. Die meisten bedurften, wie Rhein, der fanatischen Appelle Himmlers und der ihm ergebenen Heeresoffiziere zum Kampf bis zum letzten Blutstropfen um Berlin nicht, um sich tapfer bis zuletzt zu schlagen.

Die Greueltaten der Sieger auf deutschem Boden sind unbestreitbar und von einsichtigen Russen wie Solschenizyn oder Kopelew längst bezeugt. Ich habe in diesem Kapitel deutsche Zeugen, Soldaten der Wehrmacht, zitiert, die Zuschauer bei Verbrechen der SS hinter der Front wurden und später darüber berichtet haben. Andere Zeugnisse entstammen der Feder der Übeltäter selber. Ich will nicht anstehen, einen Zeugen für Untaten der anderen Seite anzuführen, Untaten, die in ihrer "Spontaneität" vielleicht noch grausamer, weil weniger "organisiert" waren, als die Verbrechen auf deutscher Seite. Mein Zeuge darf den Anspruch erheben, unbeteiligt, quasi "neutral", weil nicht zu einer der Konfliktsparteien gehörig, zu gelten. Es ist der Franzode Louis Suarez, ein naturalisierter Spanier, der im Juni 1940 als Gebirgsjäger in deutsche Gefangenschaft geraten war und fünf Jahre auf einem ostpreußischen Herrensitz nahe dem Führerhauptquartier (er hörte am 20. Juli 1944 mittags die Bombe Stauffenbergs detonieren) die Maurerkelle geschwungen hatte. Als die Rote Armee nahte, hatte er sich zusammen mit seinen Kameraden dem Treck des Gutsverwalters Mey angeschlossen und war den Frauen und Kindern, 70 an der Zahl, in der eisigen Kälte des Januar 1945 zu Hilfe gekommen. Gegen die schlitzäugige Soldateska der roten Voraustruppen konnte er sie nicht verteidigen. Fast wären er und seine Kameraden selber Opfer des Blutrauschs der Kirgisen geworden. Aber in seinem Tagebuch, das er mir schickte, bezeugt er, was er in jenen Tagen, beim Versuch, sich zur litauischen Grenze durchzuschlagen, gesehen hat. Ich zitiere aus seinem Text:

"Von Etappe zu Etappe, von Biwak zu Biwak - immer das gleiche Schauspiel: zerstörte, von jeder menschlichen Seele verlassene Dörfer, Schauspiel der Desolation, der Plünderung, des Todes, auf allen Straßen und Wegen. Alle Leichen deutscher Soldaten waren gefleddert worden, ohne Ausnahme, ihrer Stiefel und ihrer Socken beraubt, ihrer Mäntel und ihrer Uniformen, die Kiefer zerschmettert auf der Suche nach Goldzähnen, die Finger abgeschnitten auf der Suche nach Ringen ... Ein großer Friedhof. Ein Bild der Apokalypse.

Die zahllosen zivilen Opfer der Tragödie waren nicht zu übersehen. Überall, im kleinsten Weiler, auf dem entlegensten Gutshof, lagen die Toten, erstarrt im Schnee, Greise, Kinder, Frauen, letztere fast immer halb entkleidet und noch die Spuren unmenschlicher Vergewaltigung zeigend. Hier hatten sich diese Horden ihren bestialischen Instinkten hingegeben. Nicht befriedigt von diesen Übergriffen hatten sie in ihrem Blutrausch fürchterlichen Gebrauch von ihrer Gewalt über Leben und Tod gemacht und mittelalterliche Torturen erfunden. Wir fanden Frauen, die man mit dem Kopf nach unten an Türpfosten genagelt hatte, die Beine gespreizt, eine Flasche oder einen Werkzeugstiel in den Geschlechtsteilen ..."

Und der Franzose, der mit den gemarterten Opfern fünf Jahre lang in guter Gemeinschaft gelebt hatte, fügt hinzu: "Das war das Schauspiel, welches diese Menschen aus einer anderen Welt, wenn nicht von einem anderen Planeten, nach ihrem

Durchzug hinterlassen hatten. Ein Schauspiel jenseits jeglicher Zivilisation."

Ich bin überzeugt, daß Ilja Ehrenburg solche Konsequenzen aus seinen Aufrufen an die siegreiche Armee, sich an den Verlierern zu rächen und insbesondere die "blonden Frauen zur Beute" zu machen, nicht vorausgesehen und auch nicht gewollt hat. Aber Ilja Ehrenburg und sein Mitarbeiter Wassily Grossman waren Juden, und sie wußten, als sie ihre Appelle verfaßten, um das furchtbare Verbrechen, das ihrem Volk angetan worden war. Und die russischen Soldaten, die auf deutschen Boden vorstießen, waren vorher hunderte von Kilometern durch zerstörte und ausgestorbene Dörfer marschiert, an Massengräbern vorbei, über verbrannte Erde und rauchende Ruinen. Und sie nahmen Rache. Kann man es ihnen verübeln? Bemühen wir uns, mit gleicher Elle zu messen. Der Krieg war zur Barbarei ausgeartet, und nun sollte das Blut, das Deutsche und ihre Verbündeten in Rußland an Russen und Juden vergossen hatten, über die Deutschen kommen. Das ist eine furchtbare und tragische Feststellung, aber sie gehört in die große Rechnung von Verbrechen, Schuld und Sühne. Der Lebensraum, den Hitler für sein Volk im Osten gewinnen wollte, war zum Todesraum geworden. Zum Todesraum für Millionen unschuldiger Menschen. Zu einem Todesraum, der auf Deutschland übergegriffen hatte. Ein Todesraum für 20 Millionen Russen und fünf Millionen Deutsche.

Kapitel 5

Vom unfeinen Umgang mit der Vergangenheit

Es hat nun in den neunziger Jahren, ein halbes Jahrhundert später, diese Ausstellung in deutschen Städten gegeben. Es gibt sie immer noch, und sie ist, neuesten Nachrichten zufolge, bis Ende dieses Jahres ausgebucht. Die Ausstellung über Hitlers Vernichtungskrieg und die Verbrechen seiner Wehrmacht in Rußland. Sie hat den zu erwartenden Sturm ausgelöst. Alle alten Kameraden sind wie ein Mann aufgestanden und haben Front dagegen gemacht. Ich auch, aber erst im letzten Glied. Ein Riesenfelsbrocken in das ruhige Gewissen der Dabeigewesenen.

Am Inhalt der Ausstellung ist wohl nicht zu zweifeln. Was da gezeigt wird, ist weitgehend authentisch, wenngleich die Authentizität dieser oder jener Aufnahme hinsichtlich der Zugehörigkeit des Täters zu Verbänder der Wehrmacht oder des SD fragwürdig ist. Fast 80 Prozent der gezeigten Dokumente, Photos, Briefe, Befehle, Augenzeugenberichte, waren nach Aussage des Ausstellers, des Hamburger Institutes für Sozialforschung, auch schon bekannt. Was neu ist, ist die Zusammenstellung, die Dichte, die Aussage. Sie ist pauschal: die Wehrmacht war in toto eine verbrecherische Armee, williges Werkzeug eines von Hitler geplanten Vernichtungskrieges gegen die Sowjetunion. Mithin wird, gewollt oder ungewollt, dem Betrachter der Eindruck, ja die tatsachenbelegte Gewißheit vermittelt, die rund 18 Millionen Soldaten aller Dienstgrade, die in der Wehrmacht im Laufe des Zweiten Weltkrieges gedient haben, seien Verbrecher, zumindest jedoch an unzweifelhaft begangenen Verbrechen beispiellosen Ausmaßes direkt und unterschiedslos beteiligt gewesen.

Der Aufschrei der so Getroffenen war entsprechend. Einige taten sich zusammen und traten zur Entgegnung an mit dem Ziel, ihre nach ihrem Empfinden so verunglimpfte Ehre wiederherzustellen.

Ausstellung wie Reaktion zeigen geradezu exemplarisch, wie man dieses finsterste Kapitel deutscher Geschichte nicht angehen darf: die unstatthafte Gleichsetzung des Instrumentes Wehrmacht in der Hand eines Verbrechers mit zu vielen, zu willigen Mittätern auch und insbesondere in der Führung der Wehrmacht, mit der Masse der in ihr dienenden Soldaten aller Dienstgrade, die einzeln oder im Verband zwar an einem zutiefst völkerrechtswidrigen Angriffskrieg beteiligt waren, sich persönlich jedoch in ihrem militärischen Handeln völkerrechtskonform verhalten haben. Auf der anderen Seite der Betroffenen die oft mangelnde Einsicht, daß ihr eigenes Handeln, wiewohl integer, im Gesamtzusammenhang der Operationen der Wehrmacht in Rußland nach Planung und Durchführung nicht nur völkerrechtswidrig, sondern von Beginn an verbrecherisch war. Mithin stand und steht, bis zum Beweis des Gegenteils, nicht ihre persönliche Ehre zur Diskussion, wohl aber eine Mitschuld, die Mitschuld im übrigen einer ganzen Generation von Deutschen wie noch zu zeigen sein wird.

Das Echo in der Öffentlichkeit ist, der Zahl des letzten Aufgebotes entsprechend, gering geblieben. Das offizielle Deutschland schwieg lange, betreten. Hier waren schlafende Hunde geweckt worden, und es war wohl besser, sich da möglichst lange herauszuhalten. Die Gegner der Ausstellung

102

behaupten, die Linke habe das Verleumdungswerk zu politischen Zwecken in Gang gesetzt. Rüdiger Proske, ehemaliger Luftwaffenpilot, hat eine Streitschrift "wider den Mißbrauch der Geschichte deutscher Soldaten zu politischen Zwecken" verfaßt. In ihr wird, aus guter Kenntnis der Materie, akribisch die Genese der Ausstellung, die Arbeitsweise ihrer Organisatoren im Militärgeschichtlichen Forschungsamt, die geistige Auseinandersetzung zwischen 68ern einerseits und konservativen Historikern andererseits dargestellt. Der Nachweis wird geführt, daß die Antimilitaristen und Pazifisten auf der äußersten Linken diese Ausstellung initiiert haben, um gegen eine aufkommende Rehabilitierung des deutschen Soldatentums anzutreten. Also Geschichtsmißbrauch zu politischen Zwecken.

Natürlich gehöre ich zu denen, die aufschreien, wenn ihre Ehre angegriffen wird. Schließlich war ich Offizier der Wehrmacht und habe ihr in der Überzeugung gedient, für mein Vaterland zu kämpfen. Ich kann nicht umhin, zu den Überlebenden dieses Orlogs zu stehen, zu meinen Kameraden, mit denen mich so viele Erinnerungen verbinden, freudige und schmerzliche, lichtvolle und schattendunkle. Zu den Gefallenen zu stehen, die in diesem Kampf, oft ohne nach seinem Sinn zu fragen, ihr Leben geopfert haben. Wir stehen weiter zusammen, wir tauschen in unseren Mitteilungsblättern, auf unseren Zusammenkünften, unsere Erinnerungen an damals aus. So, wie das unsere Väter unter dem Stichwort "Kamerad, wo bist, wo warst Du?" nach dem Ersten Weltkrieg taten.

Wir klammern uns wie der Ertrinkende an einen Fels in der Brandung, an diese Kameradschaft, an dieses schönste Geschenk, das Männer sich untereinander machen können, die alles umfaßt, das ganze hündische Leben im Krieg und die ganzen Enttäuschungen danach, die nur das Edelste erzeugt, die absolute Hingabe zum Nächsten, das Vertrauen in ihn, die volle Absage an alle Niedertracht.

Aber ist das noch ein Fels, oder eher ein gekentertes Boot, an das wir uns klammern? Mit der Kameradschaft ist das so eine Sache. Auch sie ist, nach dem Ersten Weltkrieg, in Deutschland zu politischen Zwecken mißbraucht worden. Denn sie kleistert, mit ihrem hohen ethischen Stellenwert, vieles zusammen, was nicht unbedingt zusammengehört. Wer pflegt bei uns nicht die Kameradschaft? Und wer war der Kamerad? Der Kumpel aus dem selben Haufen im Schützenloch nebenan? Also nur das Frontschwein? Oder auch der SS-Wärter in Auschwitz, dem sein Chef Heinrich Himmler in einer denkwürdigen Rede bezeugte, beim Töten von tausend, zehntausend, von hunderttausend Menschen innerlich anständig geblieben zu sein und damit eines der größten Ruhmesblätter im Buch der deutschen Geschichte geschrieben zu haben? Es kann einem schwindlig werden bei dem Gedanken, wer sich da alles als "Kamerad" einstufen könnte, der nur seine Pflicht, und nichts als seine harte Pflicht getan habe. Da gibt es eine Ahnenreihe der Kameradschaft, die den Schwindel zum Schlaganfall steigern könnte.

Erinnern wir uns: aus der Kameradschaft der zusammenbrechenden Fronten des Ersten Weltkriegs sind die Freikorps hervorgegangen. Aus den Freikorps die Artamanen, eine Art germanischer Orden, der die Rückkehr zum einfachen Leben, zu Wald und Scholle, predigte (einer ihrer Führer war Heinrich Himmler), aus den Artamanen die SS. Kameradschaft war ihnen allen höchstes Gut und eisernste Bindung.

"Meine Ehre heißt Treue", stand auf ihren Dolchen eingeritzt. Treue über das Morden in den KZs und den Zusammenbruch hinaus bis hinüber nach Südamerika. Das war Kumpanei, aber keine Kameradschaft.

Der wahren Kameradschaft aber, der des Schützenloches und Panzerturms, kann man sich nicht entziehen. Ebenso wenig wie der schwermütigen, immer ferneren Symphonie des großen Schlachtenlärms, den wir alle kennen, die uns allein gehört und nie mehr einer anderen Generation in den Ohren klingen wird. Wer sich von ihr lossagen will, muß einen großen Schritt und einen schmerzlichen Schnitt tun.

Ich bin zuweilen versucht, ihn zu tun. Unsere edelsten, oben geschilderten Gefühle sind im Kriege Adolf Hitlers miß-braucht, mit Füßen getreten, entwertet worden. Ich stelle eine Gleichung auf:
Wir haben fast alle anständig gekämpft!

Der Krieg aber, in dem wir alle kämpften, hatte ein ver-brecherisches Ziel! Mußte also auch unser Kampf letztlich verbrecherisch, unanständig sein?

Liegt nicht in diesem Widerspruch eine nahezu unauflösbare menschliche Problematik meiner Generation? Wie können wir eine menschliche Brücke finden, die den Widerspruch zwi-schen individueller Integrität einerseits und kollektiver Mit-schuld andererseits verbindet? Sollten wir uns nicht gemein-sam mit dem rückhaltlosen Bekenntnis treffen: wir sind uns einig im Zorn, wozu wir im deutschen Namen mißbraucht wurden und in der Scham darüber, was durch unser Mittun angerichtet wurde?

Ich hege aber den bohrenden Verdacht, daß sich noch immer nicht wenige darauf versteifen, nichts Böses getan zu haben und nur anständig ihrer Pflicht nachgekommen zu sein, ohne sich des ungeheuren Ausmaßes der im Zweiten Weltkrieg im deutschen Namen verursachten Verbrechen bewußt zu sein. Sie lehnen es offenbar ab, sich selbstkritisch mit diesem finstersten Kapitel unserer Geschichte auseinanderzusetzen.

Dieser Verdacht ist im Ausland, wo ich ziemlich lange gelebt und vielleicht andere Perspektiven gewonnen habe, immer wieder erhoben worden. Bis heute wird die Wehrmacht in der Presse unserer damaligen Gegner und heutigen Alliierten gerne als die "Nazi-Armee" bezeichnet, ein Amalgam, gegen das ich oft empört protestiert habe. In den Augen der anderen ist das ganz natürlich, oft nicht einmal ein Schimpfwort. Waren Hitler und seine Armee ganz und gar das gleiche, eine festverwobene, zu fürchterlichen Zwecken erdachte Einheit. Haben nicht die Russen immer die Unterscheidung zwischen Deutschen und "Faschisten" gemacht, gegen die "faschistischen" Gegner gekämpft? Aber sie machten immerhin eine Unterscheidung zwischen beidem, sehr im Gegensatz zu ihren westlichen Verbündeten.

Im Ausland hat man auch sehr aufmerksam die deutsche Debatte um den 8. Mai 1945 verfolgt, die die Frage aufwarf, ob dieser Tag ein Tag der Niederlage oder der Befreiung gewesen sei. Wieviele von uns folgen dem Wort des früheren Infanterieoffiziers Richard von Weizsäcker, die Deutschen wären damals befreit worden? Wieviele sind es unter den elf Millionen Deutschen, die aus ihrer Heimat vertrieben wurden? Unter den 18 Millionen Deutschen, die eine Diktatur gegen eine andere eintauschen mußten? Wieviele unter denen, die erst zehn Jahre nach Kriegsende aus sowjetischer Gefangenschaft heimkehrten, weil man sie pauschal als Kriegsverbrecher eingestuft hatte? Muß man nicht ihre Gefühle der Bitterkeit achten, wenn wir sie um eine Stellungnahme zu Weizsäckers Diktum bitten?

Für mich persönlich gibt es heute keinen Zweifel, daß wir damals befreit worden sind. Befreit von einer unsagbaren Diktatur der Unmenschlichkeit, deren wir uns nicht selbst hatten entledigen können. Für die wir bis zuletzt unsere Köpfe hingehalten hatten. Wer aber keines der Opfer unserer oben geschilderten Landsleute bringen mußte und ungeschoren an Hab und Gut nach Hause zurückkehrte und heute noch den 8. Mai 1945 nur als einen Tag der nationalen Niederlage empfindet, die Niederlage für unverdient, für ein ruhmreiches Untergehen in einem Meer der Widerwärtigkeiten und des Verrats hält, der betrügt sich selbst. Hand aufs Herz: wer folgte dem ehemaligen Bundespräsidenten bei seiner Aufforderung, den Tag des Kriegsendes neu, und im Lichte späterer Erkenntnisse zu bewerten?

Ich stoße da auf eine der vielen deutschen Schizophrenien. Ich sprach sie schon im vorhergehenden Kapitel an. Wir feiern die Widerständler als Helden, die den deutschen Namen mit ihrem Opfer wieder reingewaschen, das andere, das anständige Deutschland repräsentiert hätten. Diese Widerständler gingen in den Widerstand, weil sie erfahren hatten, was in ihrem Namen geschehen, wie sehr die Ehre der Wehrmacht geschändet worden war. Jedenfalls sagt dies das offizielle Deutschland von heute. Wieviele von uns das nachvollziehen, innerlich mitmachen, vermag ich nicht zu ergründen. Ich glaube, daß eine nicht geringe Menge von uns in den Widerständlern heute noch Verräter sehen, ohne deren Tun Deutschland den Krieg hätte gewinnen können. Indem sie so denken, stellen sie sich auf die Seite des Deutschland, das von Adolf Hitler repräsentiert wurde. Aus dieser Schizophrenie müssen wir ausbrechen, wenn wir uns ehrlich und ganz zur neuen deutschen Demokratie bekennen wollen.

Mit dem Verrat ist das ja auch so eine Sache. Selbst ein so mutiger Mann und Hitler-Hasser wie Axel von dem Bussche war nicht ganz frei von Zweifeln über dessen Grenzen. In seinem schon erwähnten Vortrag vor seinen Kommilitonen 1947 in Göttingen, der im Gedenkbuch seiner Freunde abgedruckt ist, spricht er vom Scheitern des Attentats, von seiner Rückkehr zur Front und seiner schweren Verwundung (Bein-Amputation) am Ende des Krieges. Und dann sagt er: "Im März (1944) bringt man mir das Ritterkreuz. Ich habe es bis zum Schluß in Dankbarkeit getragen, weil es mir ein Beweis wurde, daß ich zwischen Hoch- und Landesverrat zu unterscheiden gewußt habe."

Sein Plan, Hitler umzubringen, war Hochverrat, und er war sich dessen ganz bewußt. Hätte er, wie einige seiner Mitstreiter dies getan haben, dem Gegner Mitteilungen über deutsche militärische Planungen zukommen lassen, um damit Hitler in den Arm zu fallen und einen Angriffskrieg zu verhüten? Das wäre in seinen Augen Landesverrat gewesen, den er nicht begangen haben würde. Deutsche Seelenqual. Deutsche Schizophrenie.
Und wie ist das mit der Pflicht?

Nach dem Kriege lernte ich in Hamburg einen deutschen Emigranten kennen. Er hieß Kurt Kaiser-Blüth und hatte als

Jude sein Vaterland nach den November-Pogromen 1938 verlassen müssen. Ich war damals Volontär bei der noch unter britischer Kontrolle stehenden Tageszeitung "Die Welt", deren stellvertretenden Chefredakteur Curt Bley ich im Kriege zum Offizier ausgebildet hatte. Wir bekamen fast täglich Besuche von Emigranten. Sebastian Haffner, Joseph Kaufmann, Manès Sperber schauten in der Großen Bleiche bei uns herein. Täglich öffneten sich uns Jüngeren die Augen ein wenig mehr über das, was soeben erst zu Ende gegangen war.

Mit Kurt Kaiser-Blüth freundete ich mich richtig an. Er war 20 Jahre älter als ich, hatte vor 1933 in Berliner Tageszeitungen unter dem Pseudonym Charles Roesmer geschrieben und war den Nazis ein Dorn im Auge geworden. Er war wahnsinnig komisch und sprühte von keckem Witz. Auf unseren nächtlichen Streifzügen durch die Puffs der Reeperbahn - die Damen der Herbertstraße nannten ihn "Jesus" - erzählte er mir von seinem Krieg. In Frankreich hatte er der infamen Auslieferung an die Deutschen durch die Vichy-Regierung haarscharf entgehen können und war in die Résistance gegangen, wie Joseph Rovan und manche andere. Einmal zog er eine aufgelöste Verbandstoff-Rolle hinter sich her und behauptete auf meinen Hinweis, das komme von einer Wunde, die sich seit Oradour-sur-Glane nie mehr ganz geschlossen hätte. In dem Dorf im Südwesten Frankreichs hatte eine Kompanie des Regiments "Der Führer" der Waffen-SS-Division "Das Reich" als Repressalie die gesamte Bevölkerung umgebracht, und er war dem Gemetzel noch gerade entkommen.

1968 im April veröffentlichte ich, wie schon erwähnt, in Frankreich ein Buch, in dem ich, unter dem Titel "Leutnant unter dem Totenkopf" (den Kragenspiegeln der Panzerbesatzungen entsprechend) meine Jugend im nationalsozialistischen Deutschland und meinen Feldzug in Rußland schilderte. Frisch, fromm, fröhlich und frei. Und ohne jede moralische Wertung. Ich war damals ziemlich unerschütterlich überzeugt, daß ich einen ordentlichen Krieg mit einigen bedauerlichen Nebeneffekten geführt hatte, wie Millionen anderer.

Im Mai darauf bekam ich einen seiner sehr komischen Briefe. In seiner Anrede pflegte er mich "Knabenkopf" oder "Kragenknöpfchen" zu nennen. Diesmal aber war der Brief sehr ernst. Er hatte mein Buch gelesen. Der Brief kam aus Brüssel, wo er bis zu seinem Tode 1975 lebte.

Zunächst zog er über die Darstellung her, die ich meiner Kindheit in der Weimarer Republik gewidmet hatte. "Von Politik verstehen Sie natürlich gar nichts. Jedenfalls nicht von der Weimarer Politik," donnerte er. Und dann ging's los :

"Sie machen es sich viel zu leicht und simplifizieren in sträflicher Weise. In Frankreich merkt das gewiß niemand, aber für diejenigen, die dabei gewesen sind, geht diese Milchmädchenrechnung nicht auf. Daß es auf der damaligen Szene nur holzende Nazis und Kommunisten gegeben habe, die Skalptänze um den noch atmenden Kadaver der agonisierenden Republik aufführten, stimmt nicht ganz. Es gab auch infame Konspirationen derjenigen, die in Ihrem Buch unberechtigterweise viel zu menschliche Züge tragen. Spiegelblanke Zylinder auf Strohköpfen und mit dem diabolischen Haß der um ihre Privilegien Bangenden, die aus dem nicht ganz gar gekochten Gefreiten erst den Dschingis Khan des 20 Jahrhunderts gemacht haben. Und der späte ästhetische Anti-Nationalsozialismus der zahlreichen "Kagenecks" (das ist nicht persönlich gemeint), die glaubten, mit Herrenclub-Fossilien à la Papen im Dienste der feudalen Vergangenheit die plebejische Gegenwart ignorieren zu können, war keinen Pfifferling wert."

Damals habe ich diese Philippika wahrscheinlich eher säuerlich belächelt. Heute neige ich dazu, ihr voll zuzustimmen, wie noch darzulegen sein wird.

Und dann kam mein Freund auf den eigentlichen Punkt, das Verständnis der Vergangenheit aus der Sicht der Opfer, das zu akzeptieren ich damals noch nicht in der Lage war.

"Und dann Totenkopf-Leutnant im Dienste des Führers, der von den Greueln, den Metzgereien der braunen Untermenschen wußte, wie so viele andere Uniformträger, sie beklagte und trotzdem weiter "treu zur Fahne" hielt: - auch für Sie gilt, was ich einmal zum dicken CSU-Boß Strauß gesagt habe (der es natürlich nicht verstanden hat): "Daß jemand Hitlers Uniform anzog, anstatt zu desertieren, daß er den Eroberungskrieg des Braunauers mitmachte, ohne Nein vor versammelter Mannschaft zu sagen, akzeptiere ich. Niemand ist verpflichtet, den Helden zu spielen und sich, der guten Sache willen, füsilieren zu lassen. Das ist nur wenigen Auserwählten von exzeptioneller Seelenstärke vorbehalten.
Wenn Sie aber (wie er gesagt hat) sagen, daß Sie im Felde bis zum letzten Tage Ihre Pflicht erfüllt hätten, so protestiere ich. Das ist skandalös! Ihre Pflicht? Es war das Gegenteil der Pflicht. Jeden Tag, den Sie die Waffen getragen haben, kämpften Sie auf dem Felde der Unehre. Mit jedem Tag, an dem Sie Widerstand leisteten, verlängerten Sie Hitlers Mord-Regime, gaben Sie ihm die Möglichkeit, neue Zehntausende

von Unschuldigen umzubringen. Sie haben im 2. Weltkriege im Dienste der Entehrung gestanden. Unter Zwang. Sei es. Aber der Rest müßte Schweigen sein ..."

Das traf mich wie ein Keulenschlag. Hatte ich auf dem Felde der Unehre gekämpft? Waren meine beiden Brüder auf dem Felde der Unehre gefallen? Waren sie, um den Slogan der Wehrmachtsausstellung anzuwenden, gehorsam bis zum Mord geblieben? Hatten nicht auch sie, wie die Masse ihrer Kameraden, nur ihre Pflicht getan, ihre "verdammte Pflicht"? Wer mir bis hierher gefolgt ist, wird längst gemerkt haben, daß ich heute anderen Sinnes geworden bin und dazu neige, mich der Meinung meines verstorbenen jüdischen Freundes anzuschließen. Wir sind alle Christen. Zumindest nach Taufschein und Steuerveranlagung sind wir es. Jedenfalls fühlen wir uns in der direkten Nachfolge unserer christlich getauften Altvorderen, unserer christlichen Könige und Kaiser. Das erste Gebot, das der Apostel Paulus in der Nachfolge Christi den Christen auferlegt hat, ist die Liebe. Die Liebe zum Nächsten.

Wenn Nächstenliebe darin besteht, sich in die Lage des anderen zu versetzen, aus dessen Perspektive heraus sein eigenes Verhalten beurteilen und danach einrichten zu können, so haben wir dieses oberste Gebot der Christenheit unter der Herrschaft Hitlers nicht erfüllt. Man stelle sich einmal vor, wie den Juden zumute war, als sie die deutschen Truppen in Rußland einmarschieren sahen. Meir Levenstein hat es ja in eindrucksvoller Weise beschrieben. Welche tödliche Bedrohung, welche Unausweichlichkeit von den deutschen Uniformen ausging. Wie war den Frauen, Kindern und alten Männern in den Dörfern der Pripjetsümpfe oder um Konotop zumute, wenn sie deutsche Soldaten am Eingang ihres Dorfes von den Lastwagen springen sahen? Sie schielten nach dem "Vogel", den die fremden Männer auf dem Uniformtuch trugen, ob dieser Vogel mit dem Hakenkreuz in den Krallen auf der richtigen Seite saß, und erhofften sich von denen, die ihn auf der Brust trugen, Schonung. Eine Hoffnung, die immer illusorischer wurde. Die Männer trugen Koppel, auf deren Schlössern die Worte standen "Gott mit uns" ... : die infamste Heuchelei, deren sich das Naziregime schuldig gemacht hat. Man stelle sich einmal vor, wie glücklich die Menschen waren, als die Deutschen abzogen. Oh ich weiß, da werden sich Hände recken, und man wird sagen, daß viele russische Zivilisten den deutschen Truppen auf dem Rückzug folgten. Aber das geschah nur im Anfang des Feldzuges und geschah aus Angst vor den Repressalien der Kommissare. Gegen Ende des Krieges, nach den Partisanenkämpfen im Rücken der Front, war die Angst vor den Soldaten im grauen Rock ganz gewiß die größere geworden. Aus eigenen Befragungen weiß ich, wie unglücklich und verzweifelt die Menschen in Belgien waren, als die Deutschen im Zuge der Ardennenoffensive im Winter 1944 wieder in die Dörfer und Städte zurückkamen, aus denen sie die amerikanischen Befreier herausgedrängt hatten.

Muß man also nicht Verständnis für die Meinung eines Opfers aufbringen, die im Brief Kurt Kaiser-Blüths zum Ausdruck kommt? Die deutsche Armee war zum Schrecken der Menschheit geworden. Was im Ersten Weltkrieg noch Erfindung einer hysterischen gegnerischen Propaganda gewesen war, war zur Wirklichkeit geworden. Die Deutschen hatten kleinen Kindern damals nicht die Hände abgehackt. Aber 30 Jahre später haben sie sie in die Feueröfen geworfen oder an den Wänden zerschmettert.

Das waren nicht alle Deutschen. Aber die Verbrechen einer Minderheit haben auf die Gesamtheit ausgestrahlt. Die Wehrmacht war dadurch im Verständnis der Bevölkerung der eroberten Gebiete vielfach Synonym für Untergang und Verderben geworden, auch wenn die Mehrheit der Einheiten unter Führung von Offizieren, die die Disziplin ihrer Männer zu erhalten wußten, sich bis zuletzt korrekt verhalten hat. Das galt für Rußland und für den Balkan, und zuletzt auch für Italien, ja Frankreich, wo die Achtung für den deutschen Soldaten bis heute anhält.

Aber ich habe da in einem französischen Archiv einen Satz gefunden, der ein bezeichnendes Licht auf die Gesamtsituation wirft. Nachdem eine Kompanie des Waffen-SS-Grenadierregiments "Der Führer" das bis heute unverständliche Gemetzel in der französischen Ortschaft Oradour-sur-Glane begangen hatte (631 Opfer, Ortschaft niedergebrannt), schrieb der zuständige Präfekt der Region im benachbarten Limoges, Leroux-Vidalq, an den Oberbefehlshaber der deutschen Truppen, General Gleininger, einen empörten Protestbrief, der mit dem Satz endete: "Wir sind immerhin keine Russen!" Hatte sich also schon in Frankreich herumgesprochen, im von der kollaboratistischen Vichy-Regierung des Marschalls Pétain kontrollierten Frankreich, wie die deutschen Herren mit den Russen am anderen Ende ihres Machtbereichs verfuhren?

Im "Gelben Blatt", dem Mitteilungsblatt der ehemaligen Angehörigen der deutschen Kavallerie und Panzertruppe, schrieb der Historiker Hans-Adolf Jacobsen in einer Betrachtung der Rolle der Wehrmacht im Rußlandfeldzug: "Die deutsche Wehrmacht war eines der ausschlaggebenden Instrumente der NS-Kriegführung, das heißt, einer wahnwitzigen Doktrin und

Politik, deren Ziele es waren, Lebensraum zu erkämpfen, die "Rassenfeinde" zu vernichten und eine totale Herrschaft in Europa zu errichten ... Die meisten Soldaten, im militärischen Gehorsam diszipliniert, durch den Eid an Hitler gebunden und seit 1941 durch ein erbarmungsloses Ringen physisch und psychisch bis zum Äußersten herausgefordert, waren indoktriniert, manipuliert und tragisch verstrickt. Auf jeden Fall waren sie allesamt nicht nur Opfer einer gewissenlosen politischen Führung, sondern auch *in historischem Sinne Mittäter.*"

Ich selbst habe in einer Veranstaltung des Hessischen Rundfunks am Abend des 16. April 1997 in der Frankfurter Paulskirche, dem Vorabend der Ausstellungseröffnung, einen Satz gesagt, den viele meiner ehemaligen Kameraden mir sehr übel genommen haben. "Durch die Befehle ihrer Generale war die Wehrmacht in Rußland auf Verbrechen angelegt." Auch heute stehe ich zu diesem Satz. Eine Armee, die vor Beginn eines neuen Feldzugs von ihrer obersten Führung Befehle erhält wie den des Feldmarschalls von Reichenau, hat sich hinsichtlich der Behandlung des Gegners keinerlei Hemmungen mehr aufzuerlegen. Philippe Masson, der schon erwähnte, dem deutschen Soldatentum ganz und gar gewogene französische Historiker prüft in seiner "Geschichte der Deutschen Armee" in einem Kapitel, das er "Moral und Politik" nennt, das Verhalten dieser Generale nach der Kapitulation. Ausgehend von ihren Unschuldsbeteuerungen, schreibt er: "Lassen wir das gelten. Wie aber erklärt sich dann das völlige Schweigen über das, was sich in den Rüstungsbetrieben, den Arsenalen, im unmittelbaren Hinterland des Frontgebiets im Osten abspielte und was die militärischen Chefs einfach nicht übersehen konnten: die Massaker der Einsatzgruppen, die unmenschlichen Maßnahmen gegen die Partisanen, die Zwangsaushebung von Arbeitskräften, die rücksichtslose Ausbeutung von Fremdarbeitern und Deportierten in den Rüstungsfabriken? ... In Wirklichkeit hat das Oberkommando entweder komplizenhaft geschwiegen oder den Maßnahmen ... zugestimmt. Wenn einige Generale wie Bock, Guderian oder Rundstedt solche Anordnungen ignorierten oder zumindest sich weigerten, an speziellen Operationen der Einsatzgruppen teilzunehmen, so haben andere wie Küchler, Hoepner oder Reichenau dabei ohne Zweifel mitgemacht."

Dem mag man entgegenhalten, daß der deutschen Armee des Zweiten Weltkriegs von Seiten ihrer Gegner Respekt, ja sogar Hochachtung entgegengebracht worden sind. Beides galt der Kriegskunst der Führenden und der Tapferkeit der Soldaten. Aber auch die größten Sympathisanten, von Liddel Hart über John Wheeler-Bennett bis Philippe Masson haben nicht verschwiegen, daß diese vorzügliche Armee zum Werkzeug eines Verbrechers geworden war. Sie haben sich gefragt, wie so etwas geschehen konnte. Sie verstanden nicht, wie hochgebildete, kultivierte Offiziere, geschult in einem der besten Generalstäbe der Welt, Befehle hatten geben können, die in keinerlei Schema einer konventionellen Kriegführung paßten. Das überstieg ihre Vorstellung vom Militärischen. In ihren Gefühlen müssen sie geschwankt haben zwischen Bewunderung für die operativen Genies, die sie da teilweise vor sich hatten, und hochnotpeinlicher Verblüffung über die Enthüllung, daß diese hervorragenden Fachleute sich zu Dienern eines Verbrechers hatten machen lassen.

Ist es den alliierten Richtern in Nürnberg nicht ähnlich ergangen? Sie saßen Leuten ihres Schlages gegenüber, monatelang, unbescholtenen Leuten von einwandfreier Erziehung, wie

Göring, Papen, Neurath, Ribbentrop oder Jodl. Je mehr sich aber deren Untaten vor ihnen enthüllten, müssen sie reagiert haben wie Leute, die plötzlich entdecken, daß einige ihrer Standesgenossen Gauner, Kindesentführer und Mörder gewesen waren.

Kurt Kaiser-Blüth hat einst dem Ostfrontkämpfer Franz-Joseph Strauß gesagt, der Rest müsse Schweigen sein. Dem Imperativ wurde Folge geleistet. Herrschte nicht das große Schweigen in deutschen Landen nach 1945? Ein Schweigen der Betroffenheit, und der Scham? Wir verkrochen uns in unseren ausgebombten Häusern, nachdem der Krieg uns, wider Erwarten unversehrt, wieder an Land gespuckt hatte. Wir färbten unser graues Tuch in dunkles Braun, um möglichst wenig aufzufallen. Wir trauerten um unsere Kameraden, die, wie Ernst-Martin Rhein, in Gefangenschaft ausharren und einen Teil der Schuld für andere hinter Stacheldraht abtragen mußten.

Rhein kehrte mit den letzten sowjetischen Gefangenen erst 1955 in die Heimat zurück. Eines Tages widerfuhr ihm, in einem Lager bei Tiflis, daß er vor seinen Kameraden bestätigen mußte, was ihnen allen wenige Stunden vorher der russische Polit-Offizier, Kapitän Zeitlin, über die Verbrechen der Deutschen in Polen erzählt hatte. Als die anderen darüber hohnlachten und sagten: "Jetzt will der Idiot uns zwei Jahre nach Kriegsende noch solche Greuelmärchen erzählen. Das glaubt er doch selbst nicht", schwieg Rhein. Dann aber sagte er: "Das, was Zeitlin behauptet hat, ist vermutlich wahr." Ein SS-Obersturmführer, der das hörte, ging drohend auf ihn zu und wollte ihm an die Gurgel. Ein Freund sprang dazwischen und sagte: "So etwas sagt doch der Rhein nicht so leichthin.

Sie kennen ihn doch." Schlußfolgerung Rheins aus diesem Erlebnis: "Viele Gespräche mit ehemaligen Kriegsgefangenen nach dem Kriege haben mir bestätigt, daß sie erstmalig in der Gefangenschaft von der systematischen Tötung von Millionen Menschen in KZs erfahren haben, es aber damals nicht glauben wollten. Ein solches Geschehen lag jenseits ihrer Vorstellungen."

Ja, es lag jenseits unserer Vorstellungen. Wir konnten es nicht glauben. Und wir wollten es nicht glauben. Manche wollen es heute noch nicht glauben. Wir hörten zu und sagten uns: "Das geht uns nichts an. Das waren die anderen, die im schwarzen Tuch. Wir sind sauber geblieben." Aber wir wagten uns damit nicht in die Öffentlichkeit.

Das Dilemma setzte sich fort, und setzt sich bis heute fort in der Behandlung des Traditionsbegriffs durch die neuen, die ganz und gar demokratischen deutschen Streitkräfte. Auch hier lügt man sich ein wenig in die eigene Tasche. "Eine Gleichsetzung von Bundeswehr und Wehrmacht darf es noch nicht einmal andeutungsweise geben", schrieb der damalige Generalinspekteur der Bundeswehr, Klaus Naumann, im Sonderdruck der "Zeit" zur Reemtsma-Ausstellung vom März 1995. Und etwas weiter: "Militärische Tradition verbindet die Generationen über die Zeit hinweg. Angesichts der Wechselfälle der deutschen Geschichte, des Mißbrauchs militärischer Macht zu Angriffskriegen und insbesondere angesichts der nationalsozialistischen Diktatur mit ihren Verbrechen ist es verständlich, daß es eine ungebrochene deutsche militärische Tradition nicht geben kann. Für das Traditionsverständnis der Bundeswehr setzt dies eine bewußte Neubewertung voraus ..."

Also Bruch und Neubewertung. Aber keine vollkommene Trennung. In den Kasernen der Bundeswehr gibt es "Traditionssäle", in denen der Vormarsch der Panzerdivisionen der Wehrmacht durch die von Hitler überfallenen Länder Europas aufgezeichnet ist. Das Erbe wird bewahrt. Es soll als "Lehrstück" strikt taktisch-strategischer Observanz, als Beitrag zur Kriegsgeschichte dienen. Dagegen ist nichts zu sagen. Aber der Gefahr des Amalgams zwischen neutral kriegsgeschichtlicher Dokumentierung und Verherrlichung eines Angriffskrieges muß vorgebeugt werden.

Die Deutschen haben ein schwieriges Vaterland, sagte einst Theodor Heuss. Es wird ein schwieriges Vaterland bleiben, weit über die Generation hinaus, die den Krieg erlebte. Es ist es durch Hitler geworden, der die Deutschen vor die infame Wahl zwischen Eid und Moral stellte. Zwischen Liebe zum Vaterland und Desertion. Letzten Endes zwischen Gott und den Führer des Reiches. Ludwig Graf Dohna aus dem alten ostpreußischen Hause erzählte mir einmal, einer seiner Verwandten, der sich von Anfang an in Empörung und aus christlicher Motivierung gegen den Nationalsozialismus gestellt habe, sei 1939 bei Kriegsausbruch mit größter Selbstverständlichkeit "unter die Fahnen geeilt", wie er das als junger Mensch auch 1914 getan habe. Das Vaterland habe gerufen. Und der Neffe stellte die Frage, ob Vaterland ein absoluter Begriff sei, oder ob man es nicht, in außergewöhnlichen Fällen, hinter Gott hintanstellen müsse. Hitler war ein außergewöhnlicher Fall. Aber wer wußte es schon?

So blieb den Heimgekehrten von 1945 nur der Rückzug aus der Öffentlichkeit, der Ausstieg aus der Geschichte. Den steil nach oben zum "Deutschen Gruß" ausgestreckten rechten

Arm, den ihnen ihre dem Führer beflissenen Generale am Schluß noch an Stelle des traditionellen militärischen Grußes aufgenötigt hatten, nahmen sie wieder zurück. Aber anstatt die Hand zum Koppelschloß zurückzuführen oder in die Tasche zu stecken, winkelten sie den Unterarm ab und hielten sich damit die Augen zu. Nichts sehen, nichts hören, nichts sprechen, lautete die Devise.

Wie schrieb der Berliner Universitätsprofessor Walther Hofer in einem Begleitwort zur 1957 erschienenen Dokumentations-Schallplatte "Deutschland im Zweiten Weltkrieg"?

"Nicht das Wegsehen, das Hinsehen macht die Seele frei."

Es hätte das Hinhören in diesen lobenswerten Prozeß seelischer Reinigung miteinbeziehen können. Das umfangreiche Ton-Dokument führt unmittelbarer und aufwühlender als zehn Geschichtsbücher über das Dritte Reich die ganze Niedertracht der braunen Machthaber vor Ohren.

Kapitel 6

Von der Pflicht, sich der Scham zu stellen

Zwei Gefühlsregungen habe ich in diesem Buch Ausdruck geben wollen. Meinem Zorn darüber, daß Adolf Hitler die bis dato unbescholtene deutsche Armee, der anzugehören ich die Ehre und die Genugtuung hatte, zu einem verbrecherischen Angriffskrieg mißbraucht, in die Nähe schwerster Verbrechen gegen die Menschlichkeit gebracht und der Schande der Weltöffentlichkeit ausgesetzt hat, glaube ich genügend Ausdruck gegeben zu haben. Bleibt über die Scham zu reden, die ich darüber empfinde, daß es in Deutschland, meinem Land, zu einem Skandal wie Hitler hat kommen können.

Kam das alles von ungefähr? Wie verhielt es sich eigentlich bei uns mit der Achtung vor dem Mitmenschen? War sie uns nicht aberzogen worden? Nicht im Elternhaus und nicht in der Kirche. Aber schon in der nationalsozialistischen öffentlichen Schule begann der ideologische, der totalitäre, der menschenverachtende Drill, der sich in Arbeitsdienst und Wehrmacht ins Absurde steigerte. Hand in Hand damit ging die Abrichtung auf den Krieg. Denn er war ja sogar nach griechischer Interpretation "der Vater aller Dinge". Der Krieg wurde heroisiert. Der Tod mystifiziert. Das Wort Krieg wurde allerdings vermieden. Man sprach vom "unausweichlichen Kampf des deutschen Volkes um sein Überleben". Als hätten wir alle am Abgrund gestanden, wie Ertrinkende mit dem Tode ringen müssen. In Wahrheit ging es, wie wir gesehen haben, nicht um

Lebenskampf, sondern um Lebensraum. Den Raum der anderen.

Dazu brauchte man "Menschenmaterial". Wie bekommt man das? Indem man das Material, das einem die Geburtsjahrgänge liefern, zurechtstaucht, zurechtbiegt, zurechthämmert. Schleifen bis zur Vergasung. Hier stoßen wir zum ersten Mal auf das Wort, das so unheimliche Bedeutung in den Todeslagern des Holocaust erhalten sollte. Was sollte hier "vergast" werden? Der alte Mensch. Der Tolpatsch von Bürger. Das Muttersöhnchen. Das alles sollte, in 12-wöchiger "Arbeit" auf dem Kasernenhof, aus dem Menschenmaterial herausgefräst werden. Feingeschliffene Roboter brauchte man für den großen Orlog, hart wie Kruppstahl, schnell wie Windhunde, zäh wie Leder. Gelobt sei, was hart macht, hieß die Devise.

Wir haben das alle mitgemacht und uns nichts weiter dabei gedacht. Es wurde hingenommen, von einigen mit Stolz, von den meisten mit innerer Empörung. Es ging bis zur Erniedrigung und Entwürdigung. Mein Bruder Erbo erzählte mir einmal, daß er auf dem Kasernenhof der Luftkriegsschule Wildpark-Werder bei Potsdam eine Viertelstunde von einer Ecke des Platzes aus rufen mußte: "Ich bin das dümmste Schwein der deutschen Luftwaffe", weil er irgendetwas pekziert hatte. Das hinderte ihn nicht, 69 feindliche Flugzeuge abzuschießen, ehe ihn selbst der Heldentod ereilte. Mein Freund Heinz Schewe wiederum, ehemaliger Bordfunker in einem Bombergeschwader, fällt, in einer Rückschau auf seine Zeit im Arbeitsdienst, ein vernichtendes Urteil über die Erziehungsmethoden der nationalsozialistischen Schinderknechte.
In einem Aufsatz mit dem Titel "Ein besonders schlimmes Kapitel der Nazizeit", den der heute in Wien lebende Pen-

sionär in den "Israel Nachrichten" im September 1996 veröffentlichte (wir waren 1949 zusammen bei der "Welt" in Hamburg), schreibt er:

"Es war absolut entwürdigend. Darüber wird heute wenig gesprochen. Der 'Reichsarbeitsdienst' ist ein verschwiegenes Kapitel der Nazizeit. Es war eines der schlimmsten Straflager für alle jungen Deutschen. Schikane, Sadismus. Alles, was für uns nachher kam, war nicht mehr so schlimm ... Alles, was die Nazis anfaßten, geriet ihnen zur Menschenschinderei. Nicht nur bei ihren Gegnern. Auch bei gewöhnlichen Deutschen, wie ich einer war. Auch Deutsche haben unter den Nazis leiden müssen ..."

08/15. Feldwebel Himmelstoß. Wer wüßte nicht ein Lied davon zu singen? Wenn aber Deutsche, weil sie ein paar Litzen mehr am Kragenrand hatten, mit anderen Deutschen so menschenverachtend umgehen konnten, ohne dafür zur Verantwortung gezogen zu werden, um wieviel größer mußte ihre Menschenverachtung für alle die sein, die ihnen später beim Eroberungskrieg in Europa in die Hände fielen? Sie war absolut grenzenlos, wenn auch in Schattierungen, die sozusagen auf einer schiefen Ebene von West nach Ost verliefen und an deren letztem Ende die Slawen und die Juden standen.

Vom pervertierten preußischen Kasernenhof zum Appellplatz eines Konzentrationslagers ist kein sehr weiter Weg. Es gibt unleugbare Analogien. Die endlosen, quälenden Appelle, das Gebrüll der Unteroffiziere oder Wärter, das ständige Herumjagen, die Schikane, das Marschieren bis zur Erschöpfung. Nur: war das Sich-Wehren-Wollen dem "gewöhnlichen Deutschen" in der Rekrutenuniform der Deutschen Wehrmacht noch bis zu einem gewissen, allerdings sehr eingeschränkten Grade möglich, so war der KZ-Insasse der Willkür seiner Quäler völlig wehrlos ausgeliefert. Das geringste Aufmüpfen wurde mit Niederknüppeln oder Erschießen bestraft.

Rudolf Höss, der Kommandant von Auschwitz, ordnete im Frühjahr 1941 nach der Flucht eines Lagerinsassen für alle 11.000 Gefangenen seines Lagers einen "Strafappell" in "Achtungstellung" von fünf Uhr morgens bis neun Uhr abends an. Auch diese Methode hatte er als junger Soldat der kaiserlichen Armee auf dem Kasernenhof gelernt. In seinen Memoiren, geschrieben 1947 zwischen Todesurteil und Erhängung, läßt er sich über den Wert der Arbeit als Erziehungsmittel aus. "Die Arbeit in der Gefangenschaft ist ein Erziehungsmittel für Gefangene, die an und für sich haltlos sind, für solche, die einer Gewöhnung zu Stetigkeit und Ausdauer bedürfen."

Einer Gewöhnung zu Stetigkeit und Ausdauer. Die Philosophie des SS-Kommandanten läßt sich mühelos ummünzen in die Ausbildungsmaximen eines Kasernenhofschinders. Durch Schleifen zur Stetigkeit und Ausdauer. Und ich lese bei meinem Freund Schewe, wie er im Frühjahr 1939, als Arbeitsdienstmann beim Bau des Westwalls eingesetzt, von seinen 08/15-Typen geschunden und gejagt wurde, zur Akkordschicht getrieben schwere Schubkarren voll rohen Betons über unwegsames Gelände karren mußte, alles immer im Laufschritt und unter fortwährendem Gebrüll, beim Versuch des Drückens Strafdienst mit Latrinenputzen - dann bin ich nicht weit entfernt von Schilderungen der Unmenschlichkeit in den über 1.000 KZs, die damals deutschen und eroberten Boden in Europa bedeckten.

Nein, es war keine Zeit der Humanität im Deutschland von damals. Es gab keinen Platz für sie in den Hirnen und Herzen derer, die sich Deutschlands bemächtigt hatten. Apologeten des Dritten Reiches wollen heute noch geltend machen, Hitler habe das deutsche Volk nach der Zerrissenheit in Dutzende von Parteien in der Weimarer Republik wieder geeinigt zur "Volksgemeinschaft" zurückgeführt. Aber die Volksgemeinschaft existierte nur für die, die sich ihm unterwarfen. Für die anderen gab es nur Verachtung, Aussonderung und Verfolgung.

In Wahrheit hat Hitler das deutsche Volk zutiefst gespalten in Willige und Unwillige, in Unterworfene und in Ausgestoßene. 18 Millionen Mißbrauchte dienten in der Wehrmacht, vereinnahmt von der menschenverachtenden Ideologie ihres obersten Führers, nolens volens zum Werkzeug seines Eroberungskrieges geworden.

Scham, nicht Schuld. Und nicht Verantwortung. Zumindest nicht kollektiv. Dieses Thema, ob Kollektivschuld der Deutschen besteht oder, wenn ja, ob diese zu einer Kollektivverantwortung herabgemindert werden kann, ist bis zur Erschöpfung in diesem Lande diskutiert worden. Eine Kollektiv-Scham aber, so scheint mir, sollte den Deutschen zumindest meiner Generation gut anstehen. Sie brauchen sich dazu nicht ewig in Sack und Asche zu kleiden und sich öffentlich zu flagellieren. Ihre Scham muß auch nicht herausgeschrien werden, als Antwort auf die Schreie der Opfer, die uns anklagen. Jeder sollte sie im stillen Kämmerlein bedenken und mit sich abmachen, und aus seiner Reue die Lehre, nein den Schwur ziehen, es nie mehr wieder zu einer solchen Katastrophe, zu einem Schiffbruch der Moral kommen zu lassen. Zur Demokratie zu stehen, diesem, wie Heinrich Mann sagte, "Geschenk der Niederlage".

Die Deutschen haben eine gewisse Zeit gebraucht, um das Geschenk anzunehmen. Heute wissen sie, wie kostbar es ist. Mit derselben deutschen Gründlichkeit, mit der sie sie einst zerstörten, haben sie eine Demokratie aufgebaut, um die sie mancher beneidet. Die Männer, die aus dem Krieg heimkehrten, haben dabei mit angepackt. Unter den großen Wirtschaftsführern der bundesrepublikanischen Nachkriegszeit waren viele ehemalige Soldaten, die sich an der Front bewährt hatten. Und die Bundeswehr ist von 33.000 ehemaligen Offizieren und Unteroffizieren aufgebaut worden, die alle auf ihre einwandfreie Haltung unter dem NS-Regime geprüft worden waren.

Der Weg Deutschlands in die Diktatur ist vielfach, und von sehr viel berufeneren Federn, beschrieben worden. Als er begann, steckte ich im zartesten Kindesalter. Als er endete, war ich gerade trocken hinter den Ohren. War er vermeidbar? War, wie Brecht konstatierte, der Aufstieg Arturo Uis zur Macht aufhaltsam? Ich habe die intime Überzeugung, daß er es war. Daß Hitler der Weg hätte verbaut werden können, wenn die Eliten Deutschlands fest zur Republik von Weimar gestanden und sie gegen die aufschwellende braune Flut verteidigt hätten. Dies aber haben sie nicht getan.

Wie konnten sie den Staat lieben, der auf den Trümmern der Monarchie entstanden war? Auch er war ja ein Geschenk der Niederlage. Aber er wurde nicht als Geschenk, sondern als Strafe empfunden. Die Niederlage wurde nicht akzeptiert und als Folge eines Dolchstoßes in den Rücken der kämpfenden Armee verstanden. Die Männer, die ihn schufen, gehörten

126

nicht zum Serail. Sie waren Emporkömmlinge und gehörten einer Partei an, die die Kriegsanstrengungen des Reiches boykottiert, Kredite verweigert, Anti-Kriegs-Hetze betrieben hatte. Einer Partei, von der der Kaiser einst geschrieben hatte, sie vergifte weite Volkskreise, gebärde sich frech und sei eine Ansammlung von vaterlandslosen Gesellen. Und wenn es auch einer der ihren war, der Prinz Max von Baden, der den Krieg auf Empfehlung der Heeresleitung beendet hatte, so waren es die Sozialdemokraten Philipp Scheidemann und Karl Liebknecht, die die Republik ausgerufen hatten.

Diese Republik hatte also einen entscheidenden Geburtsfehler. Sie war von Leuten ins Leben gerufen worden, die die bestehende Ordnung umgestoßen hatten und deren extremer linker Flügel nichts anderes wollte, als die Errichtung eines Räte-Systems nach bolschewistischem Muster. Tödliche Gefahr war im Verzuge. Und als die gemäßigten Sozialdemokraten die Gefahr ausgeschaltet hatten, dankte man es ihnen schlecht. Sie blieben die "Novemberverbrecher", in die später sogar der Zentrumspolitiker und verdiente Außenminister Stresemann eingereiht wurde. Als kurzfristiger Kanzler hatte er statt mit den Deutschnationalen, der Partei der Wohlgesinnten, mit den Sozialdemokraten paktiert und, wie der Historiker Helmut Heiber schreibt, "eine Brücke zwischen Schwarz-Weiß-Rot und Schwarz-Rot-Gold errichtet."

Man beschimpfte die Republikaner nicht nur als Novemberverbrecher. Schlimmer noch wog, und verheerender für das Ansehen der Republik im Volke, der Vorwurf, sie erfüllten lakaienhaft die Politik der Siegermächte gegenüber dem besiegten Deutschland. Dabei haben Sozialdemokraten im Verein mit dem Zentrum und den Liberalen der Deutschen Volkspartei in mühevoller Kleinarbeit auf kaum unterbrochenen Konferenzen Stück für Stück die härtesten Bedingungen des Friedensvertrages abzumildern verstanden und waren zu einer Verständigung über den Wiedereintritt des Parias Deutschland in die Völkergemeinschaft gelangt.

Die verheerenden Auswirkungen des Vertrags von Versailles auf den deutschen Nationalismus können nicht geleugnet werden. Sie werden längst von der Geschichtsschreibung anerkannt. Auch in Frankreich, das damals geglaubt hatte, sich durch langfristige Fesselung des Besiegten ein für allemal vor dessen Ausfällen schützen zu können, wird der schwere psychologische Fehler der unnützen Demütigung der Deutschen heute zugegeben.

Zu meinem 1996 in Frankreich erschienenen Buch "Examen de Conscience" (Gewissenserforschung) schrieb ein Kritiker, nachdem er manche meiner Selbstbeschuldigungen als "trop sévère" (zu streng) gewertet hatte: "Haben wir mit dem Vertrag von Versailles, den wir einem stolzen Volk auferlegt hatten, einem Volk, das so viele künftige Konflikte in seinem Schoße trug, haben wir mit diesem Vertrag nicht unsere Nachbarn, heute unsere Freunde, in tiefste Verzweiflung gestürzt?" Frankreich, hatte ich geschrieben, habe damals einen Schritt zuviel getan, und die Bestrafung sei 22 Jahre später gefolgt.

Aber es muß den Eliten, es muß der nationalen Rechten der Zwischenkriegszeit angekreidet werden, daß sie alles tat, um den Anti-Versaillismus im Volke zu schüren. Männer wie Stresemann, Wirth oder Brüning wußten um die Gefahr, die davon für die Demokratie ausging. Verzweifelt haben sie die

128

Vertreter der Siegermächte in Rapallo, Locarno und Genf angefleht, ihnen einen auch nur kleinen Erfolg in ihren Bemühungen um eine Milderung der Reparationen einzuräumen. Sie wurden nicht gehört. Vor allem französische Ohren blieben taub. In den Memoiren Stresemanns, Cunos und Papens finden wir manchen verzweifelten Ausbruch darüber. Auch Stresemanns "Finassieren", Nachgeben in dieser um Durchsetzung in einer anderen Frage in Ost oder West, hatte den Trotz des Nachbarn am Rhein nicht brechen können.

Dies alles aber leitete Wasser auf die Mühlen derjenigen, die das ganze schmähliche Vertragswerk am liebsten hinweggefegt gesehen hätten. Und es öffnete im Volk die Ohren für die Einflüsterungen, ja Einpaukungen des Führers der Nationalsozialisten, der die Ketten brechen wollte. Die Ohren vor allem derjenigen, die die Niederlage von 1918 am wenigsten verkraftet hatten, der Militärs. Sie hatten die versteckte Aufrüstung im Auge, mit Hilfe Rußlands, dem neuen heimlichen Verbündeten im Osten, mit dem man in Rapallo die Front der Sieger hatte aufbrechen können. Hier sprach ein Mann von etwas, was kein Politiker der Republik je über die Lippen gebracht hätte: von der Wiederherstellung der Wehrhoheit für die Deutschen. Und er sprach von der Korrektur der Ostgrenzen. Tarnbegriff für die Auslöschung des in Versailles geschaffenen neuen polnischen Staates. Anvisiert war eine vierte polnische Teilung zwischen der Sowjetunion und Deutschland. Helmut Heiber schreibt in seinem schon erwähnten Beitrag zur "Deutschen Geschichte seit dem Ersten Weltkrieg" (DVA) auf Seite 140: "Ein wie auch immer geartetes Bündnis (mit den sonst so verhaßten Bolschewiken) mit dem Ziel einer vierten Teilung Polens und der Vernichtung dieses wichtigen Pfeilers des französischen Bündnissystems in Ostmitteleuropa

war Seeckt (dem Chef der Reichswehr) und den Deutschnationalen Herzenssache".

Herzenssache war den Militärs und ihren Verbündeten im
rechten Parteienspektrum daher auch, den Mann nicht aus den
Augen zu verlieren, sich ihn einzuvernehmen, ihm, wenn
möglich, Brücken zu bauen. Vor allem im stockkonservativen
Bayern, der Heimat der "Bewegung", das sich im Kampf gegen das "verjudete, marxistische Berlin" (Kahr) als Bewahrer
eines christlich-konservativen deutschen Staates verstand.

Dort regiert heimlich der Reichswehr-Landeskommandant von
Lossow, ein Verbündeter des Generalstaatskommissars von
Kahr, und er hat die Deckung Seeckts, der schon im März
1923, mitten im "Ruhrkampf", eine erste Unterredung mit
Hitler gehabt hatte. Die von Lossow kommandierte 7. Reichs-
wehrdivision öffnet den braunen Parteirednern die Kasernen,
veranstaltet für sie Massenkundgebungen. Und als es im November 1923 zum Putschversuch Hitlers in München kommt,
muß sich der inzwischen umgekippte Kahr der Landespolizei
bedienen, um ihn niederzuschlagen, da eine Reichswehr-
kompanie unter Führung eines gewissen Hauptmanns Dietl,
des späteren "Helden von Narvick", sich weigert, auf die
Putschisten zu schießen.

Die Sympathie der Militärs für die offenbar unaufhaltsame
Bewegung hält an, bis in deren Machtübernahme hinein, wenn
auch mancher General, darunter Seeckt, allmählich kalte Füße
bekommt, und mancher sogar, wie der Chef der Heeresleitung
Hammerstein, offen seine Feindschaft bekundet. Sie dauert
darüber hinaus bis zum Beginn der Wiederaufrüstung, zur
Ankündigung Hitlers ein Jahr später, einen Angriffskrieg zu

führen. Bis zur Auslösung dieses Krieges und bis zum bitteren Ende des Abenteuers, wenn auch Sympathie sich inzwischen in Aversion gewandelt haben und zur "verdammten Pflicht" geworden sein mag. Hitler wußte also von Anfang an, daß er sich auf seinem Weg zur Macht auf die Kaste stützen konnte, die er zur Durchsetzung seiner militärischen Ziele am allerersten benötigen würde.

Dies alles kann hier nur schemenhaft wiedergegeben werden. Wie viele andere, ist auch der Beitrag der Militärs zur Errichtung der Diktatur Hitlers wissenschaftlich belegt. Schemenhaft nur sei auch die Rolle beleuchtet, die der nichtmilitärische Teil der deutschen Eliten bei der Zerstörung der ersten deutschen Republik spielte. Die Agrarier, die Industriellen, die Groß-Finanziers, die mit ihr verbündete Presse, die Universitäten - kurz, das "establishment".

Sie alle waren keine Freunde der Partei, die das Erbe der Monarchie angetreten hatte, der Sozialdemokraten, die sich unter Friedrich Ebert, dem letzten Kanzler der Monarchie und ersten Präsidenten des neuen Reiches, redlich bemüht hatten, mit der Mitte und der Rechten zu einem tragfähigen Bündnis für die Republik zu kommen. Sie waren und blieben die "Novemberverbrecher", die "Erfüllungspolitiker", und sie lieferten Hitler, so er sie benötigt haben sollte, die Stichworte für seine Demagogie. Ihr Sprachrohr waren die Blätter des Film- und Zeitungsmagnaten Alfred Hugenberg, des späteren Gründers der "Habsburger Front", die die Ehe zwischen Konservativen und Nazis stiftete.

Als 1925 Ebert in den Sielen starb, von seinen Gegnern in den Tod getrieben, und der Sieger von Tannenberg, der Generalfeldmarschall von Hindenburg, zu seinem Nachfolger gewählt wurde, konnten sie nur erleichtert aufatmen. Hindenburg stand, wie Tirpitz, Ludendorff oder Litzmann, andere Heroen des Großen Krieges und Stützen des "ancien régime", in der direkten Nachfolge der Monarchie. Er war Garant für die Beibehaltung des sozialen Besitzstandes, für Zucht und Ordnung, für die Einheit des Reiches, für die Größe und Würde Preußens. Ein Ersatzkaiser und Statthalter der abgetretenen Dynastie. Gewiß wird man dem "alten Herrn", wie man Hindenburg im preußischen Herrenclub nannte, keine Sympathien für Hitler und seine Bewegung vorwerfen können. Er hat sich bekanntlich bis zuletzt dagegen gesträubt, den "böhmischen Gefreiten" zum Kanzler zu berufen. Aber er war der Strohmann derer, die in den Kulissen des von den Rechtsparteien dirigierten "Bürgerblocks" die Fäden zogen und auf die Wiedererrichtung eines autoritären, wenn möglich monarchischen Staatswesens hinarbeiteten. Und als es dem letzten überzeugten Demokraten der unglücklichen Weimarer Republik, dem katholischen Zentrumspolitiker Heinrich Brüning, unmöglich geworden war, zusammen mit der SPD eine Politik des Ausgleichs mit den Westmächten gegen Hindenburg und seine Hintermänner fortzusetzen, war die Zeit für die "Präsidialkabinette" gekommen, die, unter der direkten Verantwortung des Reichspräsidenten und der Federführung Papens und Schleichers, die Zielgerade zogen, in die der Chef der Braunhemden nur einzubiegen brauchte.

Von den Tränen der Frau von Papen haben wir schon gesprochen. Ihr "fest entschlossener" Mann, der sich schon bei seinem ein halbes Jahr zuvor erfolgten "Preußenschlag" als ein Freund autoritärer Entscheidungen erwiesen hatte, war von seinem einmal gefaßten Entschluß nicht mehr abzubringen.

132

Dabei hätte alles ganz anders verlaufen können. Gewiß, es gab die Weltwirtschaftskrise, die Hitler nicht nur das wachsende Heer der Arbeitslosen, sondern auch alle anderen Entwurzelten in Mittelstand, Unternehmertum und Grundbesitz in die Arme trieb.

Vorher aber war es der deutschen Wirtschaft, nach der Einführung der Rentenmark, der Rückkehr zum Goldstandard, der Einrichtung des Dawes-Plans und dem Anlaufen ausländischer, vor allem amerikanischer Investitionen so schlecht nicht gegangen. Und die selben Herren, die später die Nerven verloren und Herrn Hitler das Wohl des Vaterlandes anvertrauten, indem sie ihm die Wahlkämpfe finanzierten und seiner Partei großzügige Subsidien gewährten, hatten sehr früh schon, in der Geburtsstunde der Republik, einen bemerkenswerten Beitrag zu deren Stabilisierung geleistet. Sie hatten einen Pakt mit der Arbeit geschlossen, unerhörter Vorgang im damaligen Europa, nachgerade zum Modell geworden für alle Demokratien, 30 Jahre später Grundstein für den phänomenalen Wiederaufstieg der neuen, der endgültigen deutschen Demokratie aus den Trümmern des Hitlerreiches.

Im Oktober 1918, noch im Kaiserreich also und wenige Wochen vor dem Rücktritt Wilhelms II., waren im Hause des Berliner Wirtschaftstheoretikers Hans von Raumer Vertreter der Großindustrie und der Gewerkschaften zusammengekommen, um auf der Grundlage voller Parität eine "Zentralarbeitsgemeinschaft der Arbeitgeber- und Arbeitnehmerverbände" ins Leben zu rufen. Es war der Urknall der viel bewunderten deutschen Mitbestimmung. Von Unternehmerseite waren Herren vertreten, deren Namen noch heute weltweiten Ruf haben: Carl-Friedrich von Siemens, Walther Rathenau,

Geheimrat Deutsch von der AEG, Reichsrat von Rieppel von MAN. Den Vorsitz übernahm einige Tage später Hugo Stinnes, zusammen mit Carl Legien, dem Vorsitzenden der Freien Gewerkschaften, der seinen Stellvertreter Gustav Bauer sowie Alexander Schlicke und Theodor Leipart vom Metallarbeiterverband mitgebracht hatte. Ihr Ziel war es, wie Raumer in seinen Memoiren vermerkt, "die durch das Kriegsende anfallenden Aufgaben gemeinsam zu lösen". Die volle Parität war das vordringliche Ziel der Gewerkschaftsbewegung gewesen. "Und so war es nicht verwunderlich," schreibt Raumer, "daß mein Eingehen darauf eine freudige Verhandlungsbereitschaft erzeugte."

Diesem ersten Versuch eines Bündnisses zwischen Kapital und Arbeit war kein dauerhafter Erfolg beschieden, wie auch das Bündnis zwischen Rechts und Links in der Politik scheitern sollte. Schon bald stritten sich Kommunisten und Nationalsozialisten um die Gunst der Arbeiterschaft. Die Versprechungen der Braunen klangen verführerischer als die Schalmeienklänge der Roten von der Diktatur des Proletariats. So erhielten die ersteren den größeren Zulauf. Solidarität und Volksgemeinschaft triumphierten in der neuen "Arbeitsfront" über Klassen- und Verteilungskampf. Daß dabei Tarifautonomie und Streikrecht geopfert wurden, ging in der Euphorie der nationalen Erhebung unter.

Es hätte alles ganz anders verlaufen können. Jahrelang hatten sich die Reichs- und Landesregierungen, vor allem im landwirtschaftlich betonten östlichen Teil des Reiches, um eine Reform des Großgrundbesitzes bemüht, die den Groß-Eignern finanzielle Vorteile bringen und den unternehmungswilligen Klein-Landwirten eine breitere Existenzgrundlage sichern sollte. Solche Bemühungen aber wurden nur unwillig unterstützt, wenn nicht offen boykottiert. Die Kleinbauern sahen sich leer ausgehen und wandten sich nun immer mehr einer Partei zu, die, unter dem verführerischen Stichwort von "Blut und Boden", ein jeder Ausbeutung entzogenes System von "Erbhöfen" versprach. Hier schien die uralte Forderung nach "eigener Scholle" erfüllt werden zu sollen.

In der 1995 erschienen Festschrift "1000 Jahre Mecklenburg" zu einer gleichnamigen Ausstellung in Güstrow lesen wir in dem Kapitel, das den Jahren der Weimarer Republik gewidmet ist:

"Die reformorientierten Parteien sahen sich stets dem Widerspruch des konservativen Lagers ausgesetzt. Vor dem Hintergrund der Inflation und der in der Mitte der zwanziger Jahre einsetzenden Agrarkrise gelang es den ultrakonservativen Parteien und den Kommunisten immer besser, die Krisenfolgen des Ersten Weltkrieges den demokratisch orientierten Parteien anzulasten. In diesem Klima der Intoleranz und Anschuldigungen wurden Reformen erschwert ... Rechtskonservative und deutschnationale Gegner der Demokratie verbanden sich 1926 in der "Herrengesellschaft Mecklenburg". Diese sah sich als aristokratischer Eliteclub an, befaßte sich mit ultrakonservativen und revanchistischen Themen und näherte sich auch nationalsozialistischen Positionen. Rechtsextremen Parteien fiel es vor allem in den ländlichen Regionen leicht, die Wählergunst zu erringen, indem sie populistisch Linderung der durch die Weltwirtschaftskrise verschärften Not versprachen. Nicht selten wurden sie dabei von Großgrundbesitzern unterstützt."

So kann es nicht wundern, wenn in Mecklenburg, einem schwach industrialisierten, bauernbetonten Land, die National-sozialisten zum ersten Mal im Reich, bei den Landtagswahlen von 1932, die absolute Mehrheit der Stimmen errangen. "Noch vor der offiziellen Machtergreifung Adolf Hitlers gin-gen die Nationalsozialisten somit in den mecklenburgischen Ländern an die Demontage der parlamentarischen Demo-kratie," schließt das Kapitel der Festschrift.

64 Jahre später wohnte ich im Hause des Fürsten Castell, ei-nes Regimentskameraden aus Bamberg und fränkischen Groß-grundbesitzers, einem "Tag der Besinnung" mit 400 Standes-genossen aus beiden Teilen des Vaterlandes bei. Man sprach über die schmerzlichen Folgen, die die deutsche Wiederver-einigung für den östlichen Grundbesitz mit ihren Enteignun-gen und Verfassungsgerichtsurteilen gebracht hatte. Bei aller trotzigen Entschlossenheit, es nicht bei dem doppelten Un-recht, das geschehen war, zu belassen, war nicht einer unter den vielen Rednern aus beiden Teilen des Landes, denen, die noch Land besaßen, und denen, die es hergeben mußten, der nicht nachdenklich nach der Verantwortung fragte, die man in den Jahren der Weimarer Republik für das Unglück des Landes auf sich geladen hatte.

Es hätte wirklich alles ganz anders kommen können? Wohl kaum. Die Eliten des damaligen Deutschland waren keine De-mokraten. Sie liebten die Republik nicht, von der sie fürch-teten, daß sie ihrem Besitz ans Leder gehen würde. Zwar mißtrauten sie dem braunen Demagogen, der ja immerhin das Wort Sozialismus in sein Partei-Siegel aufgenommen hatte. Aber er gebärdete sich als fanatischer Anti-Kommunist und hatte von Anfang an mit rechten Gruppierungen paktiert, zunächst in Bayern, dann im Reich. Er hatte weder dem Kapital den Kampf angesagt noch Hand an den Grundbesitz legen wollen, und er stillte den Durst der Patrioten nach Rache an den Siegern.

Die Sozialdemokratie hingegen war ihnen ein rotes Tuch, auf das sie allergisch reagierten. Meuternde Matrosen, Räte-Republik, Spartakus, Canossa-Gänge in die Sieger-Hauptstädte, rote Fahnen an der Spitze gestikulierender Demonstranten - das waren die Bilder, die ihnen in den Köpfen geblieben waren, wogegen die Verdienste eines Noske, eines Ebert, eines Bauer, Müller oder Hilferding um die Festigung des Parteienstaates und der parlamentarischen Demokratie nicht schwer wogen. Auch ihnen kann der Vorwurf nicht erspart werden, sich Kleinigkeiten halber wie der Fürstenentschädigung oder sozialer Teilerrungenschaften der Zusammenarbeit mit den "Bürgerlichen" verwehrt zu haben. Aber als Hitler Sozialisten und Kommunisten nach dem von ihnen inszenierten Reichstagsbrand über Nacht verhaften und in "Schutzhaft" abführen ließ, wo viele von ihnen einen schmachvollen Tod erdulden mußten, rührte sich keine Hand zum Protest. Heimlich mögen viele gar applaudiert haben.

Sie wollten sich auch nicht damit abfinden, daß alle Bürger vor der Wahlurne so gleich sein sollten wie vor dem Tode. Das preußische Dreiklassenwahlrecht hatte ihnen bis zu seiner Abschaffung im Jahre 1918 in Preußen und in einigen anderen Ländern des Reiches entscheidenden Einfluß auf die Gesetzgebung eingeräumt. Einen Einfluß, der nach ihrer Ansicht nur denen zustand, die nach Herkunft, Besitz und Bildung neben dem höchsten Steueraufkommen auch die höchste Verantwortung zu tragen hatten. Vox populi, vox Rindvieh, pflegten sie

verächtlich zu sagen. Die Oligarchie, die Herrschaft der Besten, schien ihnen von Natur gegeben, von Gott gewollt.

Daß sie sich nun im neuen Staat ständig mit anderen Parteien
im Reichstag herumschlagen, zu Kompromissen bereitfinden
mußten, daß sie oft ganz von der Regierungsverantwortung
ausgeschlossen waren, paßte ihnen nicht. Ihr Einfluß schien
ihnen beim Führer der Nationalsozialisten, dem neuen starken
Mann in Deutschland, am besten gesichert. Wie sagte doch
Franz von Papen, erster und einziger "Vizekanzler" Hitlers, im
Nürnberger Kreuzverhör auf Anfrage seines Verteidigers Dr.
Kubuschek? "Die Weimarer Verfassung hatte dem Volk eine
Fülle von Rechten gegeben, die nicht seiner politischen Reife
entsprachen." (Aus: Nürnberger IMT Protokolle, Band XVI).

Ich habe mich oft mit meinem inzwischen verstorbenen Vetter
Hans Kageneck über die dramatischen Monate vor der
Machtergreifung Hitlers unterhalten. Er war kurz nach dem
Reichstagsbrand, im April 1933, durch Vermittlung einer Ver-
wandten als 2. Sekretär ins Büro des Vizekanzlers berufen
worden und hat ihm bis in die letzten Monate seiner Wiener
Gesandtschaft gedient. Sein bedeutendster Beitrag zur Zeit-
geschichte bestand in der Überbringung des "politischen"
Testaments des Reichspräsidenten Hindenburg von dessen
Sterbeort Neudeck nach Berlin im August 1934. Der bis heute
nicht ganz geklärten Umstände der Behandlung dieses Testaments durch Hitler wegen mußte mein Vetter 1946 auch in
Nürnberg aussagen.

Am meisten beeindruckten mich seine Erzählungen über die
Ereignisse des Nachmittags des 30. Juni 1934, als er in seinem
Büro in der Papenschen Dienststelle neben der Reichskanzlei

die SS das Haus hatte stürmen sehen und Schüsse in den Nebenzimmern vernahm, die einem der Mitarbeiter seines Chefs, dem Ministerialrat Bose, galten.

"Heute noch höre ich das Klicken der Pistolen der SS-Leute im Flur, als sie ihre Waffen entsicherten," sagte er mir einmal. Bose und Jung, zwei Mitarbeiter Papens, wurden damals erschossen, Opfer wie hunderte andere, der ersten blutigen Abrechnung Hitlers mit seinen Gegnern.

Hans Kageneck hat seinem Chef stets die Treue gehalten und ihn gegen alle Anfeindungen in Schutz genommen. Er wollte in ihm nicht den Totengräber der Republik sehen, als den viele Papen später hinstellten. In seinen kurzen, nur für die Familie verfaßten Erinnerungs-Notizen versucht er nachzuweisen, daß es einen anderen Ausweg als Hitler aus der Regierungskrise nach der Entlassung Brünings nicht mehr gegeben habe.

"So hatte die Republik von Weimar bereits seit der Berufung Brünings und der Einführung der hindenburgischen Präsidialkabinette im Jahre 1930 aufgehört, als Parteieninstitution ihren Auftrag zu erfüllen, und ab diesem Zeitpunkt begann der unaufhaltsame Aufstieg Hitlers", schreibt er. "Nach dem Scheitern des 3. Präsidialkabinetts unter Schleicher und nach eingehenden Sondierungen der Meinung aller Parteien- und Fraktionsführer und Militärs sah der Reichspräsident von Hindenburg keine andere verfassungsmäßige Möglichkeit mehr, als ein Regierungskabinett unter Hitler zu berufen, und ihn auf diese Weise in die Verantwortung zu zwingen."

Mein Vetter vermerkt auch, wie Oswald Spengler über Hitlers Berufung urteilte. "Das war kein Sieg, denn es fehlte der

Gegner." Und als letzten Zeugen seiner These führt er den ehemaligen Reichsfinanzminister Graf Schwerin von Krosigk auf, der in Nürnberg sagte: "Mir hat noch keiner, auch nicht der heftigste Gegner Hitlers, gesagt, welche anderen Möglichkeiten im Jahre 1933 noch gegeben waren als die Berufung des Führers der stärksten Partei, also Hitlers, da das Parlament von sich aus keine Regierung stellen konnte, und nachdem die Präsidialkabinette gescheitert waren."

Sei's drum. Aus der Summe meiner angelesenen Kenntnis über diesen Zeitabschnitt, aus meiner eigenen, natürlich begrenzten kindlichen Erinnerung heraus kann ich dennoch nicht umhin, zu dem Schluß zu kommen, daß man den Anfängen hätte wehren können. Die Deutschen, zumindest die unter ihnen, die sich seit Jahrhunderten in die Verantwortung im Reich gestellt sahen, waren nach 1918 nicht über Nacht zu Demokraten geworden. Deutschland lag gegenüber den großen westlichen Demokratien in der Formung eines republikanischen Humus um Jahrhunderte im Rückstand. Christian Graf Krockow hat dies in seinem Werk "Die Deutschen in ihrem Jahrhundert, 1890-1990" überzeugend beschrieben. Sie mochten nun einmal den starken Staat, den Führerstaat, und vermochten es nicht, politische Entscheidungen gewählten Mehrheiten, einem langen parlamentarischen Reifeprozeß zu überlassen. Alles mußte schnell gehen, gut durchorganisiert sein, und wenn eine Autorität da war, wie auch immer sie sich an der Spitze etabliert hatte, so war sie von Gott gewollt oder von der "Vorrsähung" und es wurde ihr gefolgt, blindlings, mit den Händen an der Hosennaht. Blankgeputzte Zylinder und Pickelhauben auf Strohköpfen, wie Kurt Kaiser-Blüth mir die deutschen Eliten der Zwischenkriegszeit so treffend gekennzeichnet hatte.

Auch weniger grausame Zensoren der jüngsten deutschen Geschichte haben sich Fragen zur Entwicklung gestellt, die in die Katastrophe führte. So schließt der schon zitierte Historiker Gerhard Ritter sein Vorwort zum Band II seines Werkes "Staatskunst und Kriegshandwerk", welches sich mit dem deutschen Kaiserreich und den Gründen seines Zusammenbruchs beschäftigt, mit den Worten: "Darf ich am Schluß dieser Arbeit noch gestehen, daß ich das Buch nicht ohne seelische Erschütterung geschrieben habe? Was ich da schildere, ist das Vorkriegsdeutschland meiner eigenen Jugend. Ein ganzes Leben lang hat es für meine Erinnerung im Strahlenglanz einer Sonne gelegen, die erst seit dem Kriegsausbruch 1914 sich zu verfinstern schien. Und nun, am Abend meines Lebenstages, werden dem forschenden Auge viele tiefere Schatten sichtbar, als meine Generation - und vollends die meiner akademischen Lehrer - sie damals zu sehen vermochte."

Die Schatten, die der greise Professor schon vor 1914 diagnostiziert hatte, die genetischen Fehler, die in der monarchischen deutschen Gesellschaft angelegt zu sein schienen, hatten sich, als er den Schlußpunkt hinter sein Lebenswerk setzte, dramatisch verdichtet zur dunkelsten Nacht der deutschen Geschichte. "Die Übermacht der Agrarier", hatte Ritter in seinem Buch "Das deutsche Kaiserreich 1871 bis 1914" geschrieben "die sich im 'Bund der Landwirte' als Interessenverband artikulierte, schränkte den Spielraum aller preußischen und deutschen Regierungen nach links entscheidend ein, durch Druck auf alle Parteien von den Konservativen über die Nationalliberalen bis zum Zentrum". Die Übermacht mag einer der Schatten gewesen sein, die er nachträglich erkannt hatte.

Wie schnell aber nun im neuen Reich Adolf Hitlers alles gehen mußte, und wie gut alles durchzuorganisieren war, hat Hermann Göring, der letzte preußische Ministerpräsident und spätere Reichsmarschall, in Nürnberg in wenigen Worten beschrieben (Protokoll IMT Band IX Seiten 281-291, Befragung durch Verteidiger Dr. Stahmer): "Ich forderte von Papen, mir den Posten des preußischen Ministerpräsidenten zu überlassen, denn er hatte ja keine Partei hinter sich ... Ich besetzte die Polizeipräsidentenposten nach und nach mit Nationalsozialisten. Später brauchte ich dann eine Staatspolizei, die es im Reich ja nicht gab, eine Geheime Staatspolizei ... Eines war mir, war uns allen von vorneherein klar, daß wir so schnell wie möglich mit den Kommunisten Schluß machen mußten.. Dann mußten wir den Reichstag etwas ausschalten. Wir legten den bisherigen Parteien nahe, sich aufzulösen, weil sie keinen Zweck mehr hatten, und lösten die, die sich nicht auflösen wollten, auf ... Um den Reichsgedanken zu fördern, mußten wir die Duodezfürsten und Serenissimi abschaffen ... Ich schlug dem Führer vor, die Länderparlamente abzuschaffen ... Es wurden zur weiteren Machtbefestigung jene Gesetze geschaffen, die eine weitere Behinderung für den Aufbau ausschalteten, d.h. auf Grund des Paragraphen 48 das Gesetz, das die sogenannten Freiheiten abschaffte. Der Begriff über diese Freiheiten ist ja umstritten. Es wurde das `Gesetz zum Schutz von Volk und Staat' geschaffen ..."

Den Bürgern der Bundesrepublik Deutschland mögen sich 60 Jahre danach die Haare sträuben ob solcher Worte. Im Verständnis der Eliten von damals aber - und Göring, Fliegerheld des Ersten Weltkrieges und Gemahl einer schwedischen Gräfin, gehörte durchaus zu ihnen - war es ganz normal, nach einer kurzen und peinlichen Periode des Parlamentarismus wieder zum "Ordnungsstaat" zurückzukehren, Volk und Staat, wie sie zu sagen beliebten, wieder "unter ihren Schutz" zu stellen. Ob Papen mit seiner Geringschätzung für die Rechte des Volkes oder Göring mit seinen Ansichten zu den "sogenannten Freiheiten" der Bürger - beider Äußerungen werfen ein bezeichnendes Licht auf das Demokratieverständnis der damaligen Oberschicht in Deutschland. Arturo Ui jedenfalls fand ein gemachtes Bett vor. Seiner Diktatur war der Boden gut bereitet. Und nun würde er zeigen, was er mit einem solchen Obrigkeitsvolk werde anstellen können.

Hätte nicht doch alles anders verlaufen können? Ja, vielleicht. Wenn die Herren des "establishments" sich der Mühe unterzogen hätten, das Programm des Mannes zu studieren, das er in der Haft verfaßt und mit dem vielsagenden Titel "Mein Kampf" versehen hatte. Denn da stand alles drin, was er, einmal an der Macht, unternehmen werde. Der Führerstaat, die Einheitspartei, die Ausschaltung der Opposition, die Aufrüstung, der Eroberungskrieg um Lebensraum, und die Auslöschung des Judentums. Aber wer las es schon, dieses konfuse, verwirrende, abstoßende Konvolut von unglaublich primitiven Vorstellungen?

Der französische Philosoph Robert Brasillach, der seine frühe Begeisterung für die Hitlerbewegung und seine Kollaboration mit den Deutschen im II. Weltkrieg mit dem Tod am Erschießungspfahl bezahlen mußte, hat ein vernichtendes Urteil über Hitlers schriftstellerisches Talent gefällt. Am 20. August 1935 schrieb der Schriftsteller an einen Freund: "Ich habe 'Mein Kampf' gelesen. Selbst wenn ich den jungen Hitleristen, unseren Zeitgenossen, damit weh tun sollte, so muß ich gestehen, daß ich diese Lektüre niederschmetternd gefunden habe. 99 Prozent handeln von der Entdeckung der Rassentheorie durch den kleinen Hitler. Ich habe selten größere Dummheiten gelesen. Es ist ein Monument von Torheiten, zutiefst langweilig und vor allem erschreckend primitiv verfaßt. Ich räume gerne ein, daß ein Staatsmann kein Schriftsteller sein muß. Auch Mussolinis Bücher sind unlesbar, was nichts von seinen übrigen Qualitäten nimmt. Aber ich habe wirklich selten etwas gelesen, das so flach, so fern jeder Vernunft ist. Was leider bedeutet, daß das alles purer Instinkt ist. Ich verstehe nun, warum Hitler so viele Deutsche hat blenden können. Dies Buch ist ein Meisterstück des vollkommenen Kretinismus. Hitler erscheint mir darin wie ein tollwütig gewordener Schullehrer."

Dem ist nichts hinzuzufügen, es sei denn das Bedauern, die vernichtende Kritik des klugen Franzosen könne im Nachhinein all den damaligen Demokratie-Gegnern zum Alibi gereichen, sich nicht rechtzeitig mit dem Programm des "Kretins" befaßt zu haben.

Kapitel 7

Von den tödlichen Hirngespinsten eines Stadtstreichers

"Als ich einmal so durch die innere Stadt strich, stieß ich plötzlich auf eine Erscheinung in langem Kaftan mit schwarzen Locken.

'Ist dies auch ein Jude?' war mein erster Gedanke.

So sahen sie freilich in Linz nicht aus. Ich beobachtete ihn dann verstohlen und vorsichtig. Allein je länger ich in dieses fremde Gesicht starrte und forschend Zug um Zug prüfte, umso mehr wandelte sich in meinem Gehirn die erste Frage zu einer anderen Frage:

'Ist dies auch ein Deutscher?'

Der Stadtstreicher, in dessen Hirn sich beim Betrachten eines jüdischen Passanten in einer Straße der Wiener Innenstadt um die Jahrhundertwende die Wandlung von einer Frage zu einer anderen, und damit die Umwandlung von einem normal veranlagten Zeitgenossen in einen Antisemiten vollzog, war der spätere Führer des Großdeutschen Reiches, Adolf Hitler.

Vorher war der Gelegenheitsarbeiter und Asylbenutzer, wie er in seinem Buch "Mein Kampf" berichtet, keineswegs sonderlich gegen die Juden eingestellt gewesen. Er hatte freundschaftliche Beziehungen zu einem "jüdischen Knaben" in seiner Linzer Volksschulklasse entwickelt, sich aber über seine Verschlossenheit gewundert. Dem jungen Hitler waren die wenigen Juden in seiner Vaterstadt nie sonderlich aufgefallen. Er fand sie gar "im Laufe der Jahrhunderte europäisiert und menschlich geworden".

Später, in der Vielvölkerstadt Wien, deren Kosmopolitismus ihn faszinierte, hatte er dann mit Hingebung die "große Weltpresse" studiert und deren liberalen, weltoffenen, intelligenten Inhalt als Wohltat gegenüber dem spießbürgerlichen Gehabe der "Kleinösterreicher" empfunden. Als ihm eines Tages ein Kollege am Bau die Lektüre des "Deutschen Volksblattes", des Organs der christlich-sozialen Partei des Wiener Bürgermeisters Dr. Karl Lueger, empfahl, zeigte er sich "schockiert" von dessen antisemitischem Ton. Auch die im Überfluß vorhandene antisemitische Literatur des Vorkriegs-Wien hatte ihn abgestoßen. Er fand sie "flach und außerordentlich unwissenschaftlich in der Beweisführung" - "Ich wurde dann wieder rückfällig auf Wochen, ja einmal auf Monate. Die Sache schien mir so ungeheuerlich, die Bezichtigung so maßlos zu sein, daß ich gequält von der Furcht, Unrecht zu tun, wieder ängstlich und unsicher wurde".

Ängstlich und unsicher blieb er allerdings nach der rätselhaften Begegnung mit dem Kaftan und den Ringellocken, nicht mehr allzu lange. Der junge Hilfsarbeiter, dessen sehnlicher Wunsch, Kunstmaler zu werden, an der Aufnahmeprüfung in die Akademie gescheitert war, hatte seinen Frust inzwischen in endlosen Streitgesprächen mit Kollegen am Bau über Marxismus, Sozialdemokratie und Gewerkschaftszwang abreagiert, und hier war ihm die Erkenntnis gekommen, daß hinter all denen, die sich seinen Meinungen nicht anschließen konnten, ein höherer, aus den Kulissen gelenkter Einfluß stehen mußte, eine Einflüsterung, eine Vergiftung, die die Hirne blockierte und aus einfachen, patriotischen deutschen Arbeitern Kämpfer für eine utopische, internationalistische, pazifistische Weltanschauung machte. Und dieser Einfluß war, das ging ihm schubweise auf, der jüdische. Die Vergiftung des "Weltjudentums".

Und nun sah Hitler, der suchende, der grübelnde, der nach einer Erklärung des Weltgeheimnisses forschende, der an sich selbst zweifelnde Hitler, plötzlich überall Juden, die er vorher nicht bemerkt hatte. Überall Feinde, Menschen, die jedenfalls keine Deutsche sein konnten, die im Gegenteil dazu ausgezogen waren, sich auf dem Wege zur Weltherrschaft nun auch das deutsche Volk, dieses höchste aller Völker, zu unterwerfen. In der Kombination Marxismus-Judentum erkannte der 18jährige Österreicher "eine entsetzliche Bedeutung für die Existenz des deutschen Volkes", und er wurde, quasi über Nacht, zu einem pathologischen Judenhasser.

In seinem Pamphlet "Mein Kampf" nimmt, wie Robert Brasillach konstatierte, die Behandlung des Juden-Komplexes fast die Gesamtheit des Inhalts ein. Das "Personen- und Sachregister", das der getreue Ghostwriter Dietrich Eckardt dem Werk seines Meisters voranstellte, führt 39 Zeilen dazu auf, mehr als die Komplexe Außenpolitik oder Heerwesen. Das Judenprogramm, der Kampf gegen das Weltjudentum werden nachgerade zum einzigen Inhalt des ganzen Buches. Es wird zum Appell an das deutsche Volk, sich zum eigentlichen, zum wesentlichen und letzten Kampf um seine Existenz hinter seinen Führer zu scharen.

Emotionalität und Vulgarität des inzwischen Erwachsenen in seiner Zelle in Landsberg nehmen in den Ausfällen gegen die Juden erschreckende Formen an. Was er selbst in seiner Jugend am Antisemitismus als abstoßend, flach und unwissenschaftlich empfunden hatte, fließt ihm nun hemmungslos über die Lippen. Auf weiten Strecken kopiert er die Lektüre, die ihn einst angewidert hatte. Kein Klischee ist ihm abgenutzt genug, um nicht herangezogen zu werden. Beim Geruch dieser Kaftanträger wird ihm übel. Dazu kommt die unsaubere Kleidung und die wenig heldische Erscheinung. Bei geschlossenem Auge konnte man ihnen ansehen, daß sie keine Wasserliebhaber waren. Schlimmer noch, wenn über die körperliche Unsauberkeit hinaus plötzlich die moralischen Schmutzflecke des auserwählten Volkes entdeckt werden. "Gab es denn da einen Unrat, eine Schamlosigkeit, in irgendeiner Form, vor allem des kulturellen Lebens, an der nicht wenigstens ein Jude beteiligt war? Sowie man nur vorsichtig in eine solche Geschwulst hineinschnitt, fand man, wie die Made im faulenden Fleische, oft ganz geblendet vom plötzlichen Lichte, ein Jüdlein," fabuliert der Zelleninsasse.

Allmählich verdichtet sich der krankhafte, mehr physisch bezogene Haß zu rauchigen weltanschaulichen Theorien. Eine "schwere Belastung" erhält das Judentum in seinen Augen, als er dessen Tätigkeit in der Presse, in Kunst, Literatur und Theater kennenlernt. Die "gräßlichen Erzeugnisse" lassen ihn "auf längere Zeit hart werden". Überall Pestilenz. In der vorher so bewunderten "Weltpresse" entdeckt er plötzlich Juden, deren Stil immer unerträglicher, seichter und flacher wird. Die "Objektivität der Darstellung" scheint ihm mehr Lüge als Wahrheit. Das leise Sticheln gegen den verehrten deutschen Kaiser Wilhelm II., die Anhimmelung der französischen Kultur sind ihm widerlich.

Immer wieder fällt er wütend gegen die Unsittlichkeit der Juden aus. Prostitution und Mädchenhandel, wie er "bei seinen nächtlichen Streifzügen durch die Innenstadt" beobachten kann ("ob man will oder nicht") sind in jüdischen Händen. Wegen der schamlos geschäftstüchtigen Dirigenten solchen empörenden Lasterbetriebs läuft dem nächtlichen Voyeur "ein leichtes Frösteln über den Rücken".

Und es "flammt in ihm auf". Er weicht der Erörterung der Judenfrage nicht mehr aus, und er beginnt "die Juden allmählich zu hassen". Auch in der Politik erkennt er sie. Alle Sozialdemokraten sind Juden, und jüdische Sozialdemokraten sind Deutschenfresser, Internationalisten, vaterlandslose Verräter, Schüler des Juden Marx. Der Bolschewismus wurde von Juden erfunden. Die jüdisch-bolschewistische "Völkerkrankheit", im Hirn eines Ungeheuers erdacht, werde zum Zusammenbruch der menschlichen Kultur und damit zur Verödung der Welt führen, denn die jüdische Lehre des Marxismus lehne das aristokratische Prinzip der Natur ab und setze an die Stelle des ewigen Vorrechts der Kraft und Stärke die Masse der Zahl und ihr totes Gewicht. Und so geht es seitenlang.

Wo hat er sich nur den Stoff für diese Rabulistik hergeholt? Er muß Houston St. Chamberlain und Joseph A. Gobineau gelesen und sich bei letzterem vor allem seine Gegengestalt, den lichtvollen, heldischen "Arier" ausgeliehen haben, über dessen kulturtragende Qualitäten er sich seitenweise in seinem Programm ausläßt, im gleichen konfusen, romantisch verklärenden, pseudowissenschaftichen, vollkommen unleserlichen Stil. Am Schluß versteigt er sich in metaphysische Höhen. Das Kapitel, in dem er seine Wandlung zum Antisemiten beschreibt, endet mit den Worten: "Siegt der Jude mit Hilfe seines marxistischen Glaubensbekenntnisses über die Völker dieser Welt, dann wird seine Krone der Totentanz der Menschheit sein, dann wird dieser Planet wieder wie einst vor Jahrmillionen menschenleer durch den Äther ziehen. Die ewige Natur aber rächt unerbittlich die Übertretung ihrer Gebote. So glaube ich heute im Sinne des allmächtigen Schöpfers zu handeln: indem ich mich des Juden erwehre, kämpfe ich für das Werk des Herrn".

Das war es, was noch fehlte. Die moralische Rechtfertigung seines Hasses, die sittliche Überhöhung. Die Rückkehr zur Reinheit und Unschuld seiner Kindheit, als er, Chorknabe im Stift zu Linz, vorübergehend mit dem Priesterberuf geliebäugelt hatte. Er muß sich gewisser Lehren im Religionsunterricht erinnert haben, die ja nicht immer frei von Distanz zum Volk Gottes waren. Indem er sich des Juden, dieses Antichristen erwehrt, kämpft er für das Werk des Herrn. In höchstem, göttlichem Auftrag. Das befreit ihn von allen "Ängsten und Zweifeln, ungerecht zu sein". Das gibt ihm Mut und metaphysische Kraft.

Mit solcher Selbst-Investitur versehen, ging Hitler nun ans Werk. Welcher Art dies sein sollte, hat er im Kapitel seines Buches, welches sich mit "Volk und Rasse" beschäftigt, programmatisch verkündet: die Errichtung eines Germanischen Reiches Deutscher Nation. Eines Reiches, das das weltoffene, grenzenlose, überkonfessionelle "Heilige Römische Reich" ablösen sollte. Ein Reich, in dem nur noch der germanische Arier zu Hause sein, in dem für volks- und artfremde Individuen kein Platz mehr sein sollte.

150

Das Kriegsende, herbeigeführt durch den Dolchstoß jüdischer Marxisten in den Rücken der feldgrauen Kameraden, konnte den Gefreiten nur in seinem Entschluß bestärken. Alle Theorien des Autodidakten, in einsamen Schützengrabennächten und langen Lazarettstunden immer wieder auf ihren Wahrheitsgehalt geprüft, schienen sich auf geradezu wundervolle Weise bestätigt zu haben. Der Jude hatte sich als der Verderber Deutschlands erwiesen. Der Jude war der eigentliche Feind. Er grinste ihn von West und Ost zugleich an. Im Westen der jüdische Kapitalismus, im Osten der jüdische Bolschewismus. Deutschland werde einen gigantischen Kampf führen müssen, nach beiden Seiten, nach allen Seiten, wenn es seine Existenz bewahren wollte. Und er werde diesen Kampf an der Spitze seines Volkes führen. An der Spitze eines Germanischen Reiches Deutscher Nation.

Wir wissen, welch fürchterliche Auswirkungen auf die Menschheit diese verschrobene, krankhafte Bewußtseinsbildung im Hirne eines einzigen Mannes, eines anonymen Individuums, eines Staubkorns nur im Millionen-Magma eines besiegten, aus der Bahn geworfenen Volkes gehabt hat. Wie die Saat auf fruchtbaren Boden fiel. Wie sie, einem Flächenbrand gleich, um sich griff. Wie sie Unterstützung fand bei Hitlers frühesten Parteigängern die, glühenden Proselyten gleich, die Ideen ihres Führers unter das Volk brachten, Goebbels, der Geniale, Streicher, der Vulgäre. Wie der Kampf gegen das Judentum zum eigentlichen, ja fast einzigen Programm dieser Partei wurde, alle anderen sozialpolitischen Aussagen durchdringend. Wie dieser Kampf folgerichtig, systematisch, am Schluß fast gehetzt in das Verbrechen führte, das als "Holocaust" in die Geschichte eingegangen ist.

Wer hat mitgemacht dabei? Die Frage ist bis heute nicht entschieden. Das An-die-Brust-Schlagen der Gutgläubigen wie der Empörten dröhnt immer noch durch die deutschen Lande, überdröhnt die Regungen von Selbsterkenntnis und Reue.

Unzweifelhaft ist, daß Hitlers Judenprogramm in Deutschland offene Ohren gefunden hat. In allen Schichten des Volkes. Es gab, trotz aller preußischer liberaler Traditionen, trotz des Blutopfers, das Juden für Deutschland in allen Kriegen gebracht hatten, seitdem sie assimiliert worden waren, trotz der 20 jüdischen deutschen Nobelpreisträger, trotz des immensen Beitrages, den Juden für die Forschung, für die Kunst, für die Medizin erbracht hatten, keinen wirklichen Widerstand. Es gab keinen Aufschrei, als ein Gesetz festlegte, ein Jude könne kein Deutscher sein. Als man Juden aus den freien Berufen ausstieß, als man ihre Geschäfte boykottierte, als man Feuer an die Synagogen legte, als man Juden brandmarkte und zu Freiwild erklärte, als man sie schließlich festnahm und abschob. Abschob wohin? "In den Osten, zur Arbeit." In den Osten, diesen weiten Raum, an dessen Grenze jede Gewissensregung aufhört, sich zu rühren. Nein, es gab keinen Aufschrei, ein Murmeln vielleicht, ein gewisses Bedauern, eine Regung, und hier und da eine Hilfe, die nicht geleugnet werden soll, und für die heute einige Bäumlein am Weg nach Yad Vashem Blätter treiben. Der Rest war Schweigen. Eine immense Indifferenz.

Der deutsche Historiker Hans Mommsen von der Universität Bochum will errechnet haben, in Deutschland habe es 1933 nur 800.000 Antisemiten gegeben. Nach welchen Kriterien er dies errechnet haben will, ist mir schleierhaft. Es gab gewiß

152

auch nicht, wie sein amerikanischer Kollege Daniel Goldhagen behauptet, Millionen Deutsche, die alle Juden ermorden wollten. Die Deutschen entwickeln nicht mehr Tötungsinstinkt als andere Völker, und sie sind nicht spezifisch grausam. Selbst die Perpetroren des Holocaust mordeten nicht sadistisch, sondern kalten Blutes und sozusagen deutsch ordentlich.

Aber es gab einen Humus, auf dem der Mord wachsen konnte. Es gab sozusagen zwei Humusse, den Antisemitismus und den spezifisch deutschen Gehorsam. Über diesen letzteren haben Legionen von Kritikern Beobachtungen angestellt. Forschungsarbeiten veröffentlicht, Stücke geschrieben. Im Inland, mehr noch im Ausland. "Befehl ist Befehl" war die stereotype Entschuldigung, die die Nazi-Oberen in Nürnberg für ihre Taten anführten. Führer befiehl, wir folgen. Nun aber war der Führer tot, und alle waren unschuldig. "Meine Schuld liegt in meinem Gehorsam. Gehorsam wird als Tugend gepriesen, und ich möchte daher darum bitten, daß nur die Tatsache meines Gehorsams in Betracht gezogen wird", sagte Eichmann in Jerusalem. "Als Offizier habe ich gelernt zu gehorchen, sagte Keitel in Nürnberg. - "Deutsche Marschälle meutern nicht" sagte Manstein seinem Ordonnanzoffizier Stahlberg. Gerade damit strafte er die so oft beschworenen preußischen Traditionen Lügen. Denn zu allen Zeiten haben Soldaten in Deutschland ihren Souveräns den Gehorsam verweigert, wenn sie einen Befehl nicht mit ihrem Gewissen vereinbaren konnten. Hier aber, in einem ungleich viel schwerer wiegenden Fall, bei dem Massenmord an Juden, von dem sie wußten, ja, den sie angeordnet hatten, versagte ihr Gewissen, folgten sie ihrem Eid. Unbegreifliche Fehlleistung. Schauriges Menetekel für alle deutschen Soldaten aller zukünftigen Zeiten. Ich schätze mich glücklich zu wissen, daß es den typischen deutschen Gehorsam, den "Kadavergehorsam" (wie sinnstiftend) nicht mehr gibt, und nie mehr geben wird.

War der Antisemitismus in Deutschland weiter verbreitet als bei anderen europäischen Völkern? Bei den Engländern, den Franzosen, den Italienern, bei den Polen, den Russen? Ganz gewiß nicht. Pogrome, blutige, mörderische Judenverfolgungen hat es gerade in Osteuropa zu allen Zeiten gegeben, und der Haß dieser Völker auf die Juden war so groß, daß sich viele Helfershelfer unter ihnen fanden, die den Deutschen zur Hand gingen. Erinnern wir uns der verzweifelten Worte Meir Levensteins über den Beginn des Massakers in Riga, als lettische Faschisten mit dem Morden begannen, noch ehe die Deutschen eingetroffen waren. Der deutsche Antisemitismus war vielleicht sogar weniger virulent als etwa in Frankreich, wo es vor 100 Jahren einen sehr vehementen, ja fanatischen Judenhaß in Armee, Kleinbürgertum und weiten Teilen der Presse gab, der in der Dreyfuss Affäre kumulierte, aber auch zum "J'accuse" des Emile Zola führte und, auf Seiten der Opfer, zum Zionismus des Theodor Herzl. Französische Faschisten erwiesen sich ebenso als Helfershelfer der deutschen Judenverfolgung in Frankreich wie Faschisten andernorts. Erst der 5. Präsident der 5. französischen Republik Jacques Chirac, hat den Mut gefunden, dies offen vor der Weltöffentlichkeit und der Nation zu bekunden.

Der latente Antisemitismus in Deutschland hat dagegen im ersten großen Konflikt dieses Jahrhunderts, im Weltkrieg 1914 - 18, keine verheerenden Blüten getrieben. Im Gegenteil, die Juden in den von Deutschland besetzten polnischen und russischen Gebieten wurden ausdrücklich unter den Schutz

154

der kaiserlichen deutschen Armee gestellt, wie Egmont Zechlin in seinem Buch "Die deutsche Politik und die Juden im I. Weltkrieg" nachweist. Die Juden haben dies nach dem Krieg dankbar anerkannt. Sie empfanden die Ankunft der deutschen Truppen als eine Befreiung vom Terror, den vorher die Soldaten des Zaren gegen sie ausgeübt hatten.

In der "Jüdischen Rundschau", dem Organ des 1893 gegründeten "Centralvereins der deutschen Staatsbürger jüdischen Glaubens", war am 14. August 1914, wenige Tage nach Kriegsausbruch, unter dem Titel "Der Zar und seine Juden" zu lesen gewesen: "Der ... Aufruf des Zaren an die russischen Juden wird diese erst recht bestimmen, mit aller Inbrunst den Sieg der deutschen Waffen zu erflehen. Wenn Rußland zerschmettert wird, dann allein werden die russischen Juden die Möglichkeit finden, ihr jüdisches Leben unter freieren Bedingungen fortzusetzen. Aller Kampf um die Zukunft und Erneuerung des jüdischen Volkes ist für die russischen Juden heute davon abhängig, daß sie von der Herrschaft ihres Zaren befreit werden." 25 Jahre später gab es in Deutschland keine Juden mehr, die den Sieg der deutschen Waffen in einem Krieg gegen Rußland herbeigefleht hätten. Sie mußten um ihr nacktes Leben flehen.

Wenn auch die deutsche Schutzpolitik 1914 gegenüber den Juden nicht ganz uneigennützig war - in Berlin hatten jüdische deutsche Politiker mit Beamten des Auswärtigen Amtes eine Verwendung osteuropäischer Juden als Agenten gegen Rußland konzipiert - so entsprang sie doch humanitären Erwägungen angesichts einer Minderheit, die ständiger Verfolgung ausgesetzt gewesen war.

Allerdings dauerten die besseren Zeiten für die polnischen und russischen Juden unter deutscher Herrschaft nur so lange, wie deutsche Truppen im Lande standen. Als diese 1918 abzogen, begannen Pogrome russischer und polnischer Nationalisten mit erneuter Heftigkeit und waren zeitweise schlimmer als vor 1914. Erst die russische Revolution beendete die Verfolgungen auf russischer Seite, woraus sich der starke Zulauf junger jüdischer Intellektueller, wie Trotzki oder Kaganowitsch, zu den Revolutionären um Lenin erklärt. Ein Zulauf, der fataler Weise wiederum Hitler einen seiner Vorwände für seinen Judenhaß und, letzten Endes, seinen "Kreuzzug" gegen den "jüdischen Bolschewismus" lieferte. In Polen, wo das Kleinbürgertum traditionell antisemitisch eingestellt war, wurden, wie Zechlin notiert, die aus zaristischer Zeit stammenden Ausnahmegesetze gegen die Juden zwar von Pilsudski 1926 abgeschafft, bildeten aber in der Praxis weiterhin die Grundlage einer fundamental antijüdisch orientierten, von. weiten Teilen der Bevölkerung getragenen Minderheitenpolitik. Den Rassenfanatikern Adolf Hitlers hat bei ihrem Handwerk der mörderische Antisemitismus der Polen, Weißrussen und Ukrainer später als Alibi für ihr Tun gedient. "Ausschreitungen von Ukrainern, insbesondere von ukrainischen Milizen, waren allerdings an der Tagesordnung," schrieb mir der schon erwähnte ehemalige Offizier in der Waffen-SS-Division "Wiking", dessen Einheit ich irrtümlich mit dem Mord an den Juden von Tarnopol in Zusammenhang gebracht hatte. "Ich habe selbst gesehen, wie Soldaten unseres Regiments 'Germania' mehrere ukrainische Milizen entwaffneten, weil diese auf jüdische Bewohner geschossen hatten". Mit dem Entwaffnen hat es nicht lange gedauert. Wie wir im Bericht des Oberwachtmeisters Soennecken lesen konnten, waren es russische

Milizsoldaten, die unter Aufsicht deutscher SS-Männer die Juden von Borissow abschlachteten.

In dem 1993 erschienenen Buch "Minorities in Wartime", welches sich mit dem Schicksal von Minderheiten in Europa, Nordamerika und Australien während der beiden Weltkonflikte dieses Jahrhunderts befaßt, weist Mark Levene in seinem Kapitel über die Behandlung der Ostjuden in den beiden Weltkriegen nach, daß es diesen immer besonders schlecht in Konfliktszeiten ging, und zwar dann, wenn unterlegene Armeen, zum Rückzug gezwungen, sich an einzelnen Gruppen der Bevölkerung rächten, die sie für ihr Mißgeschick verantwortlich machten. Das war besonders im Ersten Weltkrieg von Seiten russischer Truppen gegenüber den Juden der Fall. Im Gegensatz dazu aber stellt Levene fest, daß sich der deutsche Genozid in Osteuropa ab 1941, von Beginn des Feldzuges "Barbarossa" an planmäßig, vorherbedacht artikulierte, wenn auch zunächst unter Nutzung des traditionellen Antisemitismus der Bevölkerung und mit Hilfe rasch organisierter Milizen. Auch hier aber habe die massive Vernichtung der Juden seitens deutscher Truppen erst eingesetzt, als sich für die deutsche Führung im Frühherbst 1941 herausstellte, daß sie den Feldzug nicht, wie geplant, vor dem Wintereinbruch gewinnen werde. Kalte Planung von Beginn an und "reaktives" Morden auf Grund militärischer Rückschläge reichten sich also die Hand zum großen Verbrechen.

Es gab, wie gesagt den doppelten Humus dafür. Den Antisemitismus breitester Kreise des deutschen Volkes, und die Veranlagung der Deutschen jener Zeit, Anordnungen blindlings zu gehorchen. Aus welchen Sümpfen sich dieser Antisemitismus nährte, wo er seine geschichtlichen Wurzeln hatte, warum er nicht ausschließlich deutsch, sondern international, abendländisch und christlich war, kann nicht Gegenstand der Erörterung in diesem Buch sein. Begnügen wir uns mit der Feststellung, daß der deutsche Antisemitismus im ausgehenden wilhelminischen Reich eine scharfe Zuspitzung erfuhr und militante Züge annahm, in dieser Zuspitzung auch gewiß die pathologischen Phantasien des Stadtstreichers in Wien beflügelte, und daß ihm von seiten der bürgerlichen, der liberalen Presse, in der viele Juden einflußreiche Stellungen in Redaktion und Administration innehatten, kein energischer Widerstand entgegengesetzt wurde.

Wenn ein Mann wie Heinrich Claß, seit 1908 Vorsitzender des völkisch betonten "Alldeutschen Vereins", im März 1912 ein Pamphlet unter dem Titel "Wenn ich der Kaiser wär'" veröffentlichen konnte, in dem der Autor die Ausscheidung der Juden aus dem politischen, öffentlichen und publizistischen Leben verlangt, so hat er damit die Grundlage für die "Rassengesetze" der Nazis 23 Jahre später gelegt. Wie wir dem schon zitierten Buch Egmont Zechlins "Die deutsche Politik und die Juden im I. Weltkrieg" entnehmen, verlangte der Alldeutsche die "Befreiung der Massen von der jüdischen Führerschaft", die Ausweisung aller jüdischen Reichs- und Landtagsabgeordneten, aller jüdischen Parteibeamten, Herausgeber, Verleger, Redakteure vor allem sozialistischer Zeitungen, aller sozialistischen Gewerkschaftsführer, kurz, die Austreibung aller seit Jahrzehnten, ja Jahrhunderten assimilierten deutschen Juden. Nur die sogenannten "landsässigen" Juden sollten bleiben dürfen, aber unter "Fremdenrecht" gestellt und weder zu öffentlichen Ämtern, noch zum Wehrdienst zugelassen werden. Schließlich verlangte Claß, daß die Juden doppelte Steuern zahlen sollten "für den Schutz, den sie als

Volksfremde genießen". Das war glatter Zynismus, wie wir ihn schlimmer nicht zwei Jahrzehnte später bei Göring und Goebbels finden. Verlangte Göring nicht nach der "Reichskristallnacht" 1938, daß die Juden allein für den Schaden aufkommen sollten, den die SA-Horden in ihrer zweitägigen Raserei angerichtet hatten?

Charakteristisch im Vorkriegsantisemitismus eines Claß ist die scharfe Animosität gegen den Sozialismus und seinen politischen Ausdruck in Parteien und Gewerkschaften. Mit dieser Animosität war er keineswegs allein. Sie wurde weitgehend geteilt im konservativen Lager und in der Armee. Über einen gewissen General von Gebsattel gelangte, wie Zechlin vermerkt, die Claßsche Denkschrift an den Kronprinzen, der sie an den Reichskanzler und an seinen Vater weiterleitete. Wilhelm II., von dem die Nachwelt weiß, daß er gewiß nicht zu den Freunden der Juden zählte, hat den Claß-Bericht zwar als "seltsame Schwärmerei und streckenweise einfach kindisch" zurückgewiesen, dessen anti-sozialistische Ausfälle aber übernommen und dafür plädiert, daß man den "jüdischen Einfluß auf die sozialistische Partei, die die Zerstörung des Staates betreibt", zurücknehmen müsse. Solche Zurücknahme forderte, in etwas schärferer Form, ja auch Hitler, und er blieb nicht bei der Forderung.

Führende deutsche Juden wie Franz Oppenheimer, Max Bodenheimer oder Otto Sprenger protestierten gegen die Denkschrift, und auch Albert Ballin gab gegenüber seinem kaiserlichen Freund seiner Entrüstung Ausdruck. Das Pamphlet wurde auch nicht weiter ernst genommen und verschwand bald wieder in der Versenkung. Aber es markierte eine deutliche Verschärfung des antisemitischen Klimas in Deutschland, wie sie sich auch im Aufkommen antijüdischer Vereine wie der "Reichshammerbund", dem "Germanenorden" oder dem "Verband gegen Überhebung des Judentums" äußerte. Immerhin konnten Juden gegen solche Auswüchse protestieren, und sie wußten, daß davon in einem Reich, das auf einer liberalen Verfassung und auf christlichen Traditionen fußte, keine tödliche Gefahr für sie ausgehen würde.

An wen aber konnten die Juden sich um Schutz wenden, nachdem ihr tödlichster Feind die uneingeschränkte Macht in Deutschland an sich gerissen hatte? Wer hätte noch den Mut aufbringen können, gegen die ersten Anzeichen der Verfolgung zu protestieren? Versetzen wir uns in ihre Lage.

Als nach dem Tode Hindenburgs im August 1934 Hitler das höchste Amt im Staate mit seiner Person verbunden und sich zum "Führer und Kanzler des Deutschen Reiches" erklärt hatte, gab es nur noch zwei Mächte in Deutschland, die sich dem Zugriff des Einparteienstaates entziehen konnten: die Armee und die Kirche. Bei ihnen also hätten die deutschen Juden um Hilfe einkommen können. Hatten sie die geringste Chance, gehört zu werden?

Die Armee hatte sie bereits zum Tode verurteilt. Juden waren dort nie beliebt gewesen. Kein Jude hatte zu Kaisers Zeiten in Preußen und Deutschland, außer in Bayern, Zugang zum Offiziersberuf gefunden. Auch Reserve-Offiziere waren ungern gesehen. "Angehörige der jüdischen Rasse sollen und können den deutschen Soldaten nicht kommandieren" befand Kuno Graf Westarp, der Führer der Konservativen im Reichstag und spätere Gegner Hugenbergs. Auf solchen Traditionen aufbauend, konnte von seiten der Reichswehr und der Wehrmacht keine Sympathie für die Juden, geschweige denn ein Protest gegen die Nürnberger Ausstoßungs-Gesetze erwartet werden. Es war nur folgerichtig, daß die Wehrmachtführung später auch die Massenvernichtung der Juden billigte, ja unterstützte. "Das Jüdisch-bolschewistische System muß ein für allemal ausgerottet werden. Nie wieder darf es in unseren europäischen Lebensraum eingreifen," heißt es in einer Weisung General von Mansteins vom 20. November 1941. Da hatte das Massenmorden bereits begonnen.

Konnten die Juden von der Kirche Hoffnung auf Rettung erwarten? Auch sie sprach nicht zu ihren Gunsten. Vor allem die katholische Kirche nicht. Dies ist eines der traurigsten Kapitel in der Geschichte des Dritten Reiches. Gewiß kann man den katholischen Bischöfen, kann man einem Galen, einem Preysing, einem Faulhaber nicht absprechen, sich mutig zu der Verfolgung von Minderheiten geäußert, sich grundsätzlich ablehnend gegenüber der nationalsozialistischen Gottesferne verhalten zu haben. Aber den Mut, den diese Kirchenfürsten gegen die Ermordung Behinderter oder Geisteskranker aufbrachten, haben sie in der Verteidigung der am schlimmsten verfolgten Minderheit, der Juden, nicht gefunden.

Ich habe mich sehr bemüht, Zeugnisse für das Gegenteil in der Literatur zu finden. Ich habe meine Erinnerung an meine Zeit bei den Jesuiten in Godesberg bemüht, um Spuren einer Verteidigung des auserwählten Volkes im Munde meiner so sehr verehrten damaligen Oberen zu finden. Sie beklagten alle die Kirchenfeindlichkeit des Regimes, die Verfolgungen der Priester und Bischöfe, die Unterdrückung der Andersdenkenden, den Meinungsterror. Aber sie sprachen nicht von den Juden. Vielleicht wußten sie nicht, daß diese verfolgt wurden, oder daß sie noch schlechter behandelt wurden als die Christen. Aber sie sprachen nicht davon, daß man sie ausgegrenzt hatte. Als im November 1938 die Synagoge von Bonn brannte und wir, auf dem Rückweg vom Schwimmbad, an plündernden SA-Leuten vorbeikamen, die jüdische Geschäfte zerschlagen hatten, wie immer im Zug zu zweit und von Patres begleitet, waren wir neugierig, entsetzt, empört, und unsere Patres waren es auch. Aber wir empörten uns nicht sonderlich dagegen, daß die Opfer Juden waren.

"Bolschewismus ist asiatischer Staatsdespotismus", schrieb Erzbischof Gruber von Freiburg im Jahre 1937, zwei Jahre nach Erlaß der Nürnberger Gesetze und ein Jahr vor den Novemberpogromen von 1938, in einem Beitrag für das Katholikenblatt seiner Diözese. Und er fuhr fort: "Er steht praktisch im Dienst einer Gruppe jüdisch geleiteter Terroristen. Kein Volk kommt um die Auseinandersetzung zwischen seiner völkischen Überlieferung und dem von volksfremden, meist jüdischen Revolutionshetzern angeführten Marxismus herum."

Staatsdespotismus, Terroristen, Revolutionshetzer - das ist die Terminologie der Nationalsozialisten. Die "völkische Überlieferung" ist direkt dem Wortschatz eines Goebbels oder Himmler entlehnt. Und der Gegner wird klar genannt: der Jude.

"Rasse und Reinheit der Rasse sind wichtige natürliche Werte, zu deren Erhaltung indes nicht nach unsittlichen Mitteln gegriffen werden darf", schrieb sein Kollege Galen aus Münster schon zwei Jahre vorher. Galen sprach immerhin aus, daß zur Verteidigung der reinen Rasse (?) nicht nach "unsittlichen Mitteln" gegriffen werden dürfe. Meinte er die Abtreibung? Oder meinte er die Ermordung der Juden? Er sagt es nicht.

162

Und er fährt fort: "Die Seele ist fast unabhängig von ererbten Rasseneigenschaften. Eheliche Verbindung und gemeinsame Fortpflanzung von Abkömmlingen verschiedener Rassen ist aus mancherlei Gründen unerwünscht und mit erlaubten Mitteln zu verhindern." Was zwang die Bischöfe damals, sich das Rassen-Gefasel der Nazis zu eigen zu machen? Glaubten sie, sich damit Lieb Kind bei den Gewalthabern zu machen? Würde ein Kirchenfürst heute es wagen, solches zu schreiben? Galen hatte immerhin den Mut, gegen das "Neuheidentum" der Schöpfer einer nationalen Kirche auf der Grundlage von Blut und Rasse anzugehen. Wäre er doch nur einen Schritt weitergegangen und hätte die Neuheiden in Deutschland der Verfolgung des Volkes Gottes bezichtigt.

In einer Untersuchung der beiden Forscher Marie-Corentine Sandstede Anzelle und Gerd Sandstede "Clemens August Graf von Galen, Bischof von Münster im III. Reich", erschienen 1986 , stellen die beiden Autoren fest: "Nach unserer Kenntnis hat sich der Bischof von Münster an keiner Stelle eindeutig gegen den Antisemitismus geäußert. Er hat aber wiederholt bei seinen Anklagen davor gewarnt, 'in gleicher Weise wie das jüdische Volk zu handeln'. Galen verwies auch auf 'Sünden der Juden wider Gott' und warnte, auch das deutsche Volk könne einst so gestraft werden. Vielleicht lag darin kein Anti-Semitismus, aber Hinweise auf die 'unausbleibliche Bestrafung des Volkes Israel' waren damals, nach Beginn der Verfolgungen, riskant."

Die Bischofskonferenz vom 25. und 26.April 1933 nahm schon drei Monate nach der Machtergreifung Hitlers zur Judenfrage Stellung. Aber sie nahm ausdrücklich nur die "Juden-Christen" in Schutz. Man könne, hieß es in der offiziellen

Verlautbarung der Konferenz, mit diesen nicht nach rasse-
biologischen Grundsätzen verfahren. Sie seien getaufte Juden
in einem christlichen Staate. Allerdings mahnt die Konferenz
an, zur Niederwerfung des "jüdischen Kapitalismus und Mam-
monismus" hätten nicht Methoden gewählt werden dürfen, die
mit "christlicher Haltung nicht vereinbar" seien. Das war, den
Verhältnissen entsprechend, ein mutiges Wort zu Beginn der
Verfolgungen, wenngleich man sich auch hier der Propa-
ganda-Phrasen des neuen Regimes bediente.

Die Kirche hat, so werfen ihr einige Forscher vor, an Hand
älterer Kirchenbücher nachgewiesen, wer Jude war. Die Frage
wurde damals von vielen gestellt, die sich dem vom Regime
angeordneten "Nachweis der arischen Abstammung" stellen
mußten, und das waren alle, die ein offizielles Amt anstrebten
oder sich bei der Wehrmacht als Offiziersanwärter bewarben.
Sie hat auch, und das wiegt schwerer, die Nürnberger Rassegesetze gebilligt, zumindest aus dem Munde einiger ihrer
höchsten Vertreter. Galens Anmerkungen zur Erhaltung der
reinen Rasse sind nicht fern von einer solchen Billigung. Und
der Rektor der "Deutschen Kirche" in Rom, Bischof Hudal,
bezeichnete die Ausstoßungs-Gesetze in seiner Schrift "Die
Grundlagen des Nationalsozialismus" als "eine unumgängli-
che Notwehrmaßnahme gegen das Eindringen ausländischer
Elemente".

Ungeheuerlich erscheint auch im Nachhinein, was Erzbischof
Bertram von Breslau, damals Vorsitzender der Fuldaer Bi-
schofskonferenz, am 31. März 1933 in einem Brief an alle
Amtskollegen schrieb: "Die Juden sind ein uns in kirchlicher
Hinsicht nicht nahestehender Interessenkreis". Als ein Jahr
später Bitten aus dem katholischen Volk an die Bischöfe

herangetragen wurden, sich der verfolgten Juden anzunehmen, ging nur Erzbischof Gruber darauf ein. Die anderen verhielten sich abwartend oder antworteten nicht. Das Wort "Jude" wurde auch grundsätzlich vermieden. Man sprach, im Falle von getauften Juden, von "Christen, Katholiken, die uns nahestehen". Und als 1938 die Synagogen brannten, erhob sich kein Protest von kirchlicher Seite. Etwas später hingegen verwahrte sich Fürstbischof Bertram von Breslau gegen den im "Stürmer", dem Hetzblatt des Nürnberger Gauleiters Streicher gegen die Juden erhobenen Vorwurf, die Kirche verherrliche im Religionsunterricht die Juden. Nein, das hatte sie in der Tat selten getan.

Es ist müßig, den Streit neu zu entfachen, den Rolf Hochhuths Stück "Der Stellvertreter" bei seiner Uraufführung 1963 auslöste. Die Forschung hat noch keine überzeugende Antwort auf die Frage liefern können, inwieweit der damalige Pontifex Maximus, Pius XII., von den Judenverfolgungen in Deutschland wußte, und wenn ja, welche kirchlich-diplomatischen, wirklich relevanten Gründe gegen deren öffentliche Verurteilung standen. Wie es auch aus heutiger Sicht leicht sein mag, die Kirche im Nachhinein für ihre zumindest vorsichtige, wenn nicht zustimmende Haltung gegenüber den nationalsozialistischen Rassepolitik zu verurteilen. Nach sorgfältiger Abwägung des Für und Wider aber bleibe ich bei meiner schon in meinem französischen Buch "Examen de Conscience" geäußerten Überzeugung, daß eine solche öffentliche Verurteilung vor der gesamten Weltöffentlichkeit, die dem Nationalsozialismus in Deutschland zu dessen Beginn ja durchaus wohlgesinnt gegenüberstand, eine Verurteilung, die energisch von der Gesamtheit der deutschen Bischöfe unterstützt worden wäre, Hitler zur Aufgabe seiner judenfeindlichen Politik gezwungen hätte. Denn nun hätte er sein Tun vor dem Volk nicht länger vertreten, es vor allem nicht mehr heimlich, sozusagen halbamtlich fortsetzen können, wie das ja bis zuletzt geschah. Der Antisemitismus wäre von der höchsten moralischen Autorität des Abendlandes ex cathedra als Irrlehre verurteilt, den deutschen Katholiken dessen Annahme verboten worden. Dies hätte schon 1933, spätestens aber nach den ersten gewaltsamen Auswüchsen der Irrlehre im November 1938, der Fall sein müssen. Hitler und seine Paladine hätten es nicht gewagt, sich an der Kirche für diesen Lehrsatz zu rächen. Und wer weiß: der Vatikan hätte ein Zeichen gesetzt, gegen den Diktator vorzugehen, das auch in den so lange blind gebliebenen westlichen Hauptstädten seine Wirkung nicht verfehlt hätte.

Was aber hinderte die Kirche daran, dies zu tun? Waren es wirklich nur, wie die Historiographie dies nachzuweisen sucht, Erwägungen der Kurie, ein solcher Schritt schade den deutschen Katholiken und mache Hitler nur noch rasender in seinem Berserkertum gegen die Juden? Das käme, auch aus damaliger Sicht, einem Armutszeugnis für den Stuhl Petri gleich. Oder waren es andere Gründe? Gründe, die in den Tiefen der Kirchengeschichte verborgen sind und zu tun haben mit dem biblischen Streit zwischen den beiden Religionen um die Hauptrolle in der göttlichen Heilsgeschichte?

Erst Pius' XII. viertem Nachfolger, dem polnischen Papst Johannes Paul II. war es vorbehalten, die Mitschuld der römischen Kirche am Judenmord einzugestehen und ihr damaliges Versagen zu bedauern. Die Juden hatten es zu Recht lange von ihr erwartet.

An wen also hätten sie sich, die Juden in Deutschland, um Hilfe wenden können, wenn nicht an ihre christlichen Brüder, wenn nicht an die Repräsentanten des preußischen Liberalismus, der preußischen Staats-Ethik in Beamtentum und Militär? Aber auch hier blieben ihnen die Türen verschlossen. Und so saßen sie in der tödlichen Falle, die sich ganz schloß, als der Kriegsausbruch jede Auswanderung unmöglich machte. Dem Ausmaß der Wüterei, die nun verdoppelt einsetzte, entsprach nur noch das der allgemeinen Indifferenz, mit dem die Masse dem Schauspiel beiwohnte. Gleichgültigkeit, Lauheit, Unterwerfung statt Empörung, Aufstand und Hilfe - das war es, was den Ausgestoßenen mit dem Gelben Stern am Ärmel und dem "J" im Paß entgegenschlug.

Kann man den Juden verübeln, daß die Antwort, die einzig mögliche Antwort auf diese Erfahrung die Gründung ihres Staates Israel war? Daß sie diesen Staat mit Zähnen und Klauen verteidigen, und wenn es sein muß "Auge um Auge und Zahn um Zahn"? Daß es ihnen schwerfällt, zu vergeben, und unmöglich ist, zu vergessen? Daß sie nie zu einem "Friedensschluß" mit den Deutschen bereit sein können, wie das andere Kriegsgegner Deutschlands 50 Jahre später bereit waren? Daß sie sich gar nicht als "Kriegsgegner" Deutschlands begreifen können, dem sie ja nie den Krieg erklärt hatten, sondern nur als Opfer, Opfer eines unprovozierten, ganz und gar in kranken Hirnen ausgedachten und von willigen Exekutoren vollzogenen Mordes? Nein, man kann es ihnen nicht verübeln. Im Gegenteil. Man kann sich nur darüber freuen, daß sie heute einen Staat haben, der ihnen nicht nur Zuflucht in alle Ewigkeit gewährt, der zurückschlagen würde, wenn irgendwo auf der Welt ein Diktator noch einmal Hand an sein Volk legen sollte. Und trotzdem. Juden haben die Kraft zum Vergeben gefunden. Juden sind nach Deutschland zurückgekehrt, das sie verstoßen hatte. Juden haben den Dialog gesucht, auch wenn "Eure Taten in Deutschland so laut reden, daß ich Eure Worte nicht hören kann," wie ein jüdischer Deutschlandbesucher noch 1953 schrieb.

Universitätsprofessor und Rabbiner Dr. Dr. Leo Trepp, der heute in Napa, Californien, und an der Universität Mainz lehrt, hat sich 1992 in einem Geleitwort zur schon erwähnten Ausstellung "Jüdisches Leben in Wittlich" mit folgenden Worten an seine ehemaligen Mitbürger und Landsleute gewandt:

"Die Gedenkstätte, die nun errichtet wurde, erlaubt Ihnen, liebe Besucher, mit diesen unvergeßlichen Menschen ins Gespräch zu kommen. Lassen Sie einen Mann, eine Frau, oder ein Kind aus dem Bildrahmen heraustreten, und hören Sie, was sie Ihnen sagen. Fühlen Sie den Bürgerstolz und die Glaubenstreue. Versetzen Sie sich dann in die Not und den Terror. Denken Sie, es wäre Ihr Gotteshaus, das plötzlich durch Staatsauftrag zerstört würde, sein höchstes Heiligtum zerfetzt und mit Füßen getreten. So war es hier, wo heute ein Fragment der Thorarolle zu Ihnen spricht. Denken Sie, es treten Schufte auf Staatsverordnung in Ihr Haus, um alles zu zerschlagen, einschließlich liebster Erbstücke. Und dann, soweit menschliche Vorstellungskraft es überhaupt zulässt, versetzen Sie sich in die Lage, mitten in der Nacht verhaftet, unter Fluchworten zusammengepfercht, jeden Besitzes beraubt, ohne Brot und Wasser, in Viehwagen in den sicheren Tod deportiert zu werden. Denken Sie, es wären Ihre schluchzenden Kinder, die Ihnen für immer entrissen würden, und empfinden Sie der Eltern Schmerz.

Gehen Sie dann auch zum jüdischen Friedhof, der von jüdischer Geschichte Kunde gibt und in dessen Erde gute Wittlicher ihre ewige Ruhe gefunden haben. Gräber laden zum

168

Nachsinnen über das Leben ein ... Sie werden Kraft und inneren Frieden daraus schöpfen: die Kraft, dem Guten und der Gerechtigkeit nachzustreben und ihre Gegner zu bekämpfen. Den inneren Frieden, im Gedenken an die nie zu vergessenden Opfer des Holocaust in einer Gemeinschaft leben zu dürfen, in der Wahrheit, Recht und Menschenliebe die unzerstörbaren Fundamente der Gesellschaft bilden.
Geben Sie den Hingemordeten in dieser Weise neues Leben in Ihrer Mitte - und Sie werden Segen finden."

Und sein ehemaliger deutscher Landsmann, der 86jährige Arthur Feiner aus Denver, Ohio, schrieb ergänzend dazu: "Über meinen Weg von Deutschland über Shanghai nach Amerika kann ich nur Stichworte wiedergeben ... Außerdem will ich nicht die Bitterkeit dieser Jahre kosten und nicht die Kinder mit der Schuld der Väter belasten. Aber vielleicht, wenn Sie gleich von der Synagoge zum Marktplatz gehen, ahnen Sie, wie ich im Geiste mit Ihnen dort stehe und die alten Namen auf den Geschäften lese: Schuhhaus Wolff, Schiffmann, Ermann-Bach, Bender, Frank und Sänger. So war es gewesen. Aber ich will den schrecklicklichen Abgrund, der zwischen Gestern und Heute liegt, überspringen, und ich reiche der jungen Generation meine Hände in Freundschaft."

Ja, so war es gewesen. Die Namen, die der alte Arthur Feiner aufzählt, waren Stationen meiner Kindheit, wenn ich meine Mutter beim Einkauf begleitete. Es waren dieselben Wege und Straßen, durch die ich als Trommler der Hitlerjugend zog. Habe ich jemals bemerkt, daß die Namen ausgemerzt worden, ihre Träger entführt worden waren?

Kapitel 8

Aussöhnung, Vergebung, Verpflichtung

Wir standen um das Ulanendenkmal an der "Wunderburg" in der alten Stadt Bamberg herum und schauten zu, wie Franz Dumoulin, unser Vorsitzender, gefolgt, schleppenden Schrittes, von dem 9ljährigen Hugo Süsskind-Schwendi, unserem Ehrenvorsitzenden, einen Kranz zu Füßen des steif auf seinem Pferd sitzenden Ulanen niederlegte. Wir rissen unsere alten Knochen zusammen und "nahmen Haltung an". Ein junger Soldat blies auf einer Trompete das "Ich hatt' einen Kameraden", dieses wehmütige deutsche Lied zum Gedenken der Toten, das sogar die französische Fremdenlegion - in deutsch - singt, wenn sie einen Gefallenen beerdigt.

Dann gingen wir wieder auseinander. Es war Juli 1994. Wir, die "Vereinigung der Offiziere des ehemaligen Reiter- und Kavallerie-Regiments 17 in Bamberg", hatten unser 40stes Wiedersehen seit dem Kriege gefeiert und dabei wie immer, diesmal aber besonders, der fünf Offiziere aus unseren Reihen gedacht, die 50 Jahre zuvor ihr Leben wegen Widerstands gegen das Hitler-Regime mit dem Tode durch Henkershand beendet hatten, allen voran Claus Stauffenberg.

Auf dem Weg zum Hotel trat Albrecht Castell, ein Regimentskamerad und Sohn meines ersten Schwadronschefs 1939 in Bamberg, zu mir und fragte mich, ob ich an einer seiner Versöhnungsreisen teilnehmen wollte. Versöhnungsreisen? Ja,

Reisen in alle einst von der deutschen Wehrmacht besetzten Länder im Zeichen der Suche nach Vergebung und Versöhnung. Er habe schon damit begonnen und sei von dem Ergebnis nur noch ermutigt worden, damit fortzufahren. Mein Kopfschütteln bemerkend, sagte er mir Berichte zu, die über die ersten Reisen erstattet worden waren. Als ich sie las, meldete ich mich für die nächste Reise an. Ziele: Theresienstadt, Lidice, Prag.

Hier war etwas erstaunliches geschehen. Eine kleine Schar von Leuten um einen evangelischen bayerischen Pfarrer herum, zu der später Castell gestoßen war, hatte nach dem Fall der Mauer und der Öffnung des kommunistischen Riesenreiches für westliche Besucher das Bedürfnis empfunden, sich auf eine ganz neue und eine ganz andere Art der Vergangenheit zu stellen. Nicht mehr zu schweigen. Nicht mehr zu klagen. Nicht mehr zu schimpfen. Nicht mehr aufzurechnen ("Die anderen waren genau so schlimm, und noch schlimmer. Seht mal Dresden. Seht mal Königsberg und die geschändeten Frauen und die erschossenen und gekreuzigten Männer!"). Nicht mehr deutsche Bombenopfer und jüdische Vergaste auf dieselbe Stufe zu stellen. Sie wollten keine Rechnungen mehr aufmachen und um Verbrechensgrade schachern. Sie wollten sich unter die deutsche Gesamtschuld stellen, nachdem sie diese, ein für allemal, konstatiert hatten, wollten sie bedauern und um Vergebung bitten. Im christlichen Sinne. Nach der Weisung des Völker-Apostels Paulus, der den ersten Christen aufgetragen hatte, nach Versöhnung zu suchen und damit den Auftrag Gottes zu erfüllen, der ja vorher die Welt durch den Opfertod seines Sohnes mit sich selbst versöhnt hatte.

Die Bitte um Versöhnung, der die Frage voranging, ob man überhaupt vergeben könne, richtete sich an alle Menschen, die unter der deutschen Gewaltherrschaft gelitten hatten, allen voran aber die Juden. Der evangelische Pfarrer Friedrich Aschoff aus Kaufering in Bayern, hatte am 9. November 1988, am 50sten Jahrestag der "Reichkristallnacht", ein zentrales Erlebnis gehabt. Er war zum Friedhof seiner Gemeinde gegangen, begleitet von zwei messianischen jüdischen Freunden aus Israel, um dort vor dem Denkmal zur Erinnerung an die Opfer des Holocaust zu beten. Nach dem Gebet, und unter dem Eindruck der Gewalt und der Feierlichkeit des Augenblicks, hatte er seine Freunde aus Israel spontan gefragt, ob sie die Kraft aufbringen könnten, ihm, und damit dem deutschen Volk, zu verzeihen. Die beiden Freunde hatten "Ja" gesagt, und man war sich unter Tränen in die Arme gefallen.

Friedrich Aschoff empfand dieses Erlebnis als so stark, daß er sich sagte, er könne es nicht für sich alleine behalten. Vielleicht dachte er daran, daß im Hebräischen die Worte "Schweigen" und "Gewalt" dieselbe Wurzel haben. Er müsse das weitergeben, andere daran Anteil haben lassen, ein Zeichen setzen. Und er suchte Freunde für seine Idee, die Suche nach Versöhnung mit den Völkern, denen Deutschland Unrecht getan hatte, aufzunehmen. Ohne großes TamTam, ohne sich öffentlich zu prostituieren, leise, von Mensch zu Mensch.

Und er fand Freunde. Den katholischen Weihbischof von Mainz Dr. Franziskus Eisenbach, den Pfarrer Dr. Karl-Heinz Michel von der Jesus-Bruderschaft Gnadenthal, und den Fürsten Castell aus dem unterfränkischen Castell. Diese vier Männer haben dann Erstaunliches zu Wege gebracht. Sie organisierten zwischen Februar 1994 und Mai 1995 insgesamt 36 Reisen durch 26 ehemalige "Feindländer", von denen mehrere, wie Polen und Rußland, mehrfach besucht wurden. Es waren jeweils nur ganz wenige, 25, 35 maximum, in Omnibussen, die oft tagelang unterwegs waren. Auf der Fahrt lernte man sich kennen, erzählte aus seinem Leben, schilderte die Eindrücke, die man vor 50 Jahren, im Reich Adolf Hitlers, gehabt hatte. Als Soldat, als Hitlerjunge oder BDM-Mädel, als Hausfrau in Bombennächten, als Kriegerwitwe oder Mutter Gefallener. Wie man die Welt damals gesehen hatte, wie man zu den anderen stand, den Kriegsgefangenen, den Zivilarbeitern in den Rüstungsfabriken, den Menschen in den Lagern, den Juden. Was man über den Krieg gedacht hatte, den Eroberungskrieg zunächst, und dann die Rückschläge. Was man am Kriegsende empfand, der Niederlage gegenüber. Was man heute zu dem allen sage. Und wie man Hitler und seine Bewegung heute sehe.

Und dann traf man die Menschen, die damals auf der anderen Seite gestanden hatten. Die viele Jahre unter deutscher Besatzung leiden mußten. Die sehnlichst auf die Befreiung warteten. Die jeden deutschen Rückschlag begrüßten als ein Zeichen der Wende, der baldigen Erlösung. Die in neue Ängste verfielen, wenn das Pendel wieder zurückschlug. Man hörte sich gegenseitig an und versetzte sich in die Lage des Anderen. Man betete zusammen, und dann fand man die Kraft, zu vergeben. Und es geschah, daß die Opfer von damals sich ihrerseits umwandten und um Vergebung baten für das, was Menschen ihres Volkes den Deutschen angetan hatten. Die Tschechen, die Polen, die Russen. Es gab Umarmungen und es gab Tränen, und es gab, stellvertretend für die vielen, die in Starre verharren, viele erlöste, geöffnete Herzen.

Oh, das war nicht viel. Ein paar Salzkörner im Teig der Indifferenz. Salz der Erde, wie Jesus den Christen aufgetragen hat, wollten sie sein, die paar hundert, die mitgemacht haben. Sie verteilten jeweils Brot, Salz und Wein, die uralten christlichen Symbole der Versöhnung, und überall wurden ihre Gaben dankbar angenommen. Aber alle, die dabei waren, haben es ihren Kindern und Enkeln weitererzählt, und so mag es doch ein guter Teig werden.

Die Organisatoren haben einen kleinen Band über ihre Initiative herausgegeben. In ihm sind alle Berichte enthalten, die einige der Teilnehmer nach dem Ende ihrer Reise spontan an sie gerichtet hatten. Aus ihnen möchte ich zwei herausgreifen, die Zeugnis geben mögen von der Verwandlung, die in den Reisenden vor sich ging.

Der erste stammt von der 19jährigen slowakischen Studentin Eva Janovatka, die im Frühjahr 1995 an der 6. Sommerakademie in Gnadenthal und am Eröffnungsgottesdienst im Erfurter Dom für die Aktion "Versöhnungswege" teilgenommen hatte. Evas Vater war ein katholischer Slowake, ihre Mutter stammte aus dem Judentum. Eva schreibt:

"Ich stamme aus einer Familie, die während des Zweiten Weltkriegs viel gelitten hat. Ich kann mich gut an die tragischen Geschichten erinnern, die mein Großvater mir über Buchenwald und Auschwitz zu erzählen pflegte. Trotzdem kam ich frei von Vorurteilen nach Deutschland. Es war auch nicht schwer für mich, deutsche Freunde zu gewinnen. Aber immer gab es ein Thema, ein Tabu, über das ich so gerne gesprochen hätte, aber nicht zu sprechen wagte ... Um zu verstehen, wie die jungen Deutschen empfinden, mußte ich auf ein altes indianisches Sprichwort hören: `Wenn Du jemanden verstehen willst, mußt Du seine Mokassins tragen.' So habe ich versucht, die Schuhe meiner deutschen Freunde anzuziehen, und plötzlich spürte ich eine schwere Last auf meinen Schultern. Dann dachte ich an meine Verwandten und Freunde zuhause, die die Last der Voreingenommenheit gegen eine ganze Nation tragen und nicht fähig sind, zu vergeben. Das tut weh.

Tief in meinem Herzen konnte ich zwei Arten von Schmerz spüren, und ich merkte, daß sie etwas gemeinsam hatten: beide könnten gelindert werden durch den Prozeß der Versöhnung. Ich bin sehr glücklich, euch sagen zu können, daß ich nun endlich den unausgesprochenen Graben, der in meinen Beziehungen zu meinen deutschen Freunden gewesen ist, überwunden habe. Nach dieser Erfahrung drängt es mich, beiden Seiten zu helfen, und ich möchte gern ein Verbindungsglied in der Versöhnungskette zwischen beiden Seiten sein."

Der zweite Bericht stammt von dem Hamburger Kaufmann Wilhelm (Joseph) Heyden. Ich kenne ihn als einen guten alten Freund. Er war ganz junger Offizier in der gleichen Waffe, der auch ich angehörte: der Kavallerie. Einer von der härteren Sorte. "Hart aber gerecht", vorbildlicher Ausbilder jungen Offiziersnachwuchses, engagierter, aber verantwortungsbewußter Führer seiner Männer im Kampf. Ostfront bis nahe an Moskau. Jemand, der nicht unbedingt menschlichen Rührungen nachgibt oder zumindest dies nicht zeigt. Heyden hatte auch Castell einst ausgebildet, und sein ehemaliger Fahnenjunker hatte ihn jetzt, nach 50 Jahren, angesprochen mitzumachen. Und Heyden hat mitgemacht. Er war eine Woche in der Hauptstadt der Ukraine, Kiew, und Baby Yar. Hier, was er schreibt:

"31stündige Bahnfahrt durch die 'unendliche Weite' nach Kiew. Drei Damen, vier Herren. Alle gläubige Christen. Man hatte uns in einem Brief um eine freiwillige Reise zu überlebenden Juden in den von uns Deutschen damals besetzten Ländern gebeten ... Wir sollten dort für den mit deutscher Gründlichkeit ohne Wissen und ohne Befragung unseres Volkes stattgefundenen grausamen Völkermord um Vergebung bitten. Die noch Lebenden sollten aus Deutschland persönlichen Besuch bekommen. Das sollte ein Signal dafür sein, daß die große Masse unseres Volkes, und besonders auch die überlebenden Soldaten es nachträglich tief bereuen, einem Mann Gehorsam geleistet zu haben, der seine Macht unter billiger Mißachtung von Gottes Gesetzen verbrecherisch mißbraucht hat. Fast alle Menschen meiner Generation, auch der älteren, waren in diesen Totalen Krieg im 'Dienst am Vaterland' so fest eingebunden, daß uns eine Spurensuche nach der Wahrheit gewisser Gerüchte damals nicht in den Sinn kam, vielleicht auch von uns innerlich verdrängt wurde."

Heyden schildert dann, wie die überlebenden Soldaten nach dem Krieg erst einmal hilflos ihre Familien gesammelt und sich so gut sie konnten, an die Arbeit gemacht hätten. Dann aber seien, gleich nach Kriegsende, die "unvorstellbaren Nachrichten" über das, was in den von ihnen eroberten Gebieten auf Hitlers Befehl geschehen war, über sie hereingebrochen, die sie anfangs nicht geglaubt oder für "nachträgliche Feindpropaganda" gehalten hätten.

Und dann schildert der ehemalige Oberleutnant (Jahrgang 1921), als Schwadronsführer im Mittelabschnitt an der Südflanke der Angriffsarmee auf die sowjetische Hauptstadt eingesetzt, seine Fahrt zu den damaligen Stätten des Grauens weit hinter der Front. Höhepunkt, neben vielen anderen, gleichwertigen Verbrechensplätzen, die Schlucht von Baby Yar, 10 Kilometer westlich von Kiew, in der wenige Tage nach der Eroberung der Stadt und innerhalb von 36 Stunden von frisch eingetroffenen Sondereinheiten der Himmlerschen SS 33.000 jüdische Frauen, Kinder und wehrunfähige Männer niedergeschossen wurden, nach dem Muster, nach dem in Tarnopol und Borissow und anderswo gemordet worden war. "Unvorstellbar" schrieb mir Heyden im Februar 1997, 26 Monate nach seiner Reise.

Ein anderer Teilnehmer der Reise hat von der Jüdin Klara Vinacur erzählt, die die kleine Reisegruppe in die Schlucht begleitet hatte. Damals, im September 1941, war die 17jährige dem Massaker entkommen, weil sie unbemerkt aus der Reihe hatte entschlüpfen können, die zur Todesschlucht vorrückte. Klara hatte den Deutschen zunächst nicht vergeben können, war aber dann, am letzten Tage, zum Bus gekommen und hatte den Besuchern gesagt, wie sehr sie von ihrer Geste angerührt worden sei, und daß sie darin die Kraft zur Vergebung gefunden hätte. Sie, eine Jüdin, deren ganze Familie ermordet worden war.

Ich zitiere noch einmal Heyden, der seinen Bericht übrigens im "Gelben Blatt", dem Mitteilungsblatt der ehemaligen Kavalleristen, veröffentlicht hat. "Erstaunt hat mich die relativ geringe Zahl von freiwilligen Reisemeldungen in die ehemaligen Besatzungsländer ... Grund, aus meiner Sicht, natürlich

178

vereinfacht: 'Ich brauch mich nicht entschuldigen oder um Vergebung bitten; ich habe keine Schuld und habe daher auch kein schlechtes Gewissen.' Dabei sind es doch für die Überlebenden und das betroffene Ausland 'die Deutschen'", die gemordet haben. Darum müssen auch wir persönlich bereit sein, dafür um Vergebung zu bitten. Wer dieses große Unrecht im einzelnen getan hat, ist 'Familiensache'. Die eigene persönliche Vergebungsbitte ist besonders wertvoll für die Betroffenen, die heute noch leben. Müssen wir Deutsche, gerade um 'an unserer nationalen Würde mitzuarbeiten', nicht - jeder wo er kann - darum bitten? Auch schon darum, damit wir in Zukunft gewappnet sind, daß sich solches oder ähnliches niemals wiederholen kann ... Wenn wir stolz sein können auf große und gute Taten unseres deutschen Vaterlandes, dann müssen wir auch bereit sein, 'unsere' große Schuld an völlig unschuldigen Menschen zu bekennen. Vergeben kann ... nur Gott selbst."

Ich habe den Worten meines Freundes und Waffengefährten nichts hinzuzufügen und teile vollkommen seine Auffassung. Hingegen achte ich auch die Haltung derer, die soweit nicht gehen wollen und können, und die sagen, was mir ein naher Verwandter schrieb: "Für mich gibt es nur die persönliche Schuld, daher auch nur eine persönliche Versöhnung, nicht das heute so Kollektive. Man könnte daraus sozusagen einen 'negativen' Nationalismus, eine Mitschuld konstruieren mit den Untaten einer Minderheit von maximal 10 Prozent an Verbrechern, die es wohl in jedem Volk gibt."

Ich achte diese Einstellung, aber ich kann sie nicht teilen. Und ich komme noch einmal auf die Quintessenz dessen zurück, was ich in diesem Buch sagen wollte: wir haben gewiß in der großen Mehrheit "anständig" gekämpft. Ich selbst, meine gefallenen und meine überlebenden Brüder, meine Freunde, meine Verwandten, die große stumme Armee meiner alten Kameraden, und die noch viel größere derer, die das Hitlersche Abenteuer mit dem Tode bezahlt haben. Wir glaubten, wie Heyden sagt, "im Dienst des Vaterlandes" zu stehen. Und wir glauben noch heute, in Ehren unsere Pflicht getan zu haben.

Das mag alles subjektiv zutreffen. Der Krieg aber, in dem wir kämpften, war ein ganz und gar unanständiger Krieg, ein schmählicher Krieg, ein auf Betrug, Täuschung und Überfall ausgelegtes Unternehmen eines Wahnsinnigen, der sich ein 80-Millionen-Volk so total unterworfen hatte, daß es zum willigen Werkzeug seiner krankhaften Eroberungspläne werden konnte. Und bei diesen Eroberungen hat es schreckliche, von der einfachsten Moral zurückzuweisende Verbrechen gegeben, die noch Generationen lang einen Schandflecken auf unser Volk werfen werden. Da nutzt auch nichts, wenn einige alliierte Sieger nach 1945 der Wehrmacht ein ehrenhaftes Verhalten im Kampf bescheinigt haben. Das wird auch nicht bestritten.

"Im Kampf" haben die meisten deutschen Soldaten sich den Regeln des konventionellen Kriegsrechts gemäß verhalten. Da nutzt auch nicht viel, wenn Bundeskanzler Adenauer vor dem Bundestag am 3. Dezember 1952 die deutschen Soldaten feierlich in Schutz genommen und ihnen ehrenhaftes Verhalten im Krieg bescheinigt hat, ein Verhalten, in das übrigens später auch die Soldaten der Waffen-SS mit hineinmanipuliert wurden, die Adenauer nicht erwähnt hatte. Adenauer brauchte diese Rehabilitierung, weil er auf alliiertes Drängen wieder neue deutsche Streitkräfte aufstellen mußte, was ohne die Mithilfe kriegserfahrener Soldaten nicht möglich gewesen wäre. Nein, es führt kein Weg daran vorbei: die anständig kämpfenden Soldaten der Front hielten ihre Leiber hin, damit verbrecherische "Volksgenossen" in deutscher Uniform, auch der der Wehrmacht, im Hinterland ihre bodenlosen Verbrechen ausführen konnten. Gedeckt von ihrem Führer Adolf Hitler und auch durch von ihm eingesetzte Feldmarschälle und Generale. Dies ist erwiesen, und man kommt nicht daran vorbei. Wie erwiesen ist, daß von 5,3 Millionen sowjetischen Kriegsgefangenen, die in deutsche Hände fielen, mehr als die Hälfte in deutschem Gewahrsam ihr Leben verloren haben. Ein unerhörter Vorgang, der eine Parallele in keinem der vorhergehenden Konflikte hat. Warum? Weil man dem anständigen deutschen Soldaten vorher eingeredet hatte, er führe keinen "normalen", sondern einen Weltanschauungskrieg, in dem es gelte, den "jüdisch-asiatischen Bolschewismus" ein für alle Mal auszurotten, in der Person seiner Träger, der russischen "Untermenschen".

Unter den Unterlagen, die mir die in Paris lebende Tochter des Widerstandskämpfers Rudolf Freiherr von Gersdorff zur Verfügung stellte, ist eine, die mir mehr als manches andere enthüllt, wes Sinnes unsere Generalität noch am Schluß des Krieges in Hinsicht auf das Hauptkriegsziel Hitlers, die Vernichtung der Juden, war. Gersdorff hatte als Oberst im Generalstab an jener berüchtigten Tagung des 26. Januar 1944 in Posen teilgenommen, auf der Himmler, der Reichsführer der SS und Chef der deutschen Polizei, vor 300 Generalen aller Waffengattungen über "Fragen der inneren und äußeren Sicherheit" referierte. Der SS-Chef kam dabei auch auf die Judenfrage zu sprechen und tat kund, daß die SS diese Frage gelöst habe, und zwar total, und daß sechs Millionen Juden nicht mehr lebten.

Gersdorff fährt fort: "Nun wurde ich Zeuge. einer mich zutiefst beschämenden Szene: mit wenigen Ausnahmen sprangen die Generale und Admirale auf und brachen in brausenden Beifall aus. Als ich einen neben mir auf dem Stuhl stehenden und wie wild klatschenden General am Rockzipfel zerrte und ihm sagte: 'Sind sie sich denn überhaupt klar, für was Sie hier Beifall spenden?', sah er mich verständnislos an und sagte, das sei doch alles ganz wundervoll."

Ein Jahr vorher hatte Gersdorff bereits, nachdem er als Offizier im Stab der Heeresgruppe Mitte in Rußland unabweisbare Zeugnisse von Judenmorden hinter der Front erhalten hatte, ähnlich reagiert wie sein Kamerad Axel Freiherr von dem Bussche. Er wollte Hitler anläßlich einer Besichtigung russischer Beutewaffen im Berliner Zeughaus mit sich zusammen mit einer Bombe in die Luft sprengen, war aber wegen des Gedränges, das allgemein um den heißgeliebten Führer herrschte, nicht an ihn herangekommen. Nach dem Krieg hat Gersdorff, der zu den Mitdenkern um eine neue moralische Grundlage für neue deutsche Streitkräfte gehörte, noch unter dem frischen Eindruck des Geschehenen, in einem Vortrag in München folgendes zum Ausdruck gebracht:

"Wenn man nach weltpolitischer und persönlicher Einstellung über die Frage der deutschen Schuld am I. Weltkrieg zumindest verschiedener Auffassung sein kann, so steht die Schuld am und im II. Weltkrieg eindeutig fest. Hier hilft kein Wehren und kein Verstecken; jeder Deutsche muß wenigstens innerlich zugeben, daß der Krieg von Deutschland vom Zaun gebrochen wurde, daß durch die unnötige Ausdehnung des Krieges der gesamten Menschheit unsagbares Leid zugefügt wurde, und daß durch die in ihrer Größe noch nie dagewesenen Verbrechen an der Menschheit eine welthistorische Schuld auf uns geladen worden ist. Ähnlich wie die Taten der Tataren Dschingis Khans oder wie die Christenverfolgungen des alten Rom werden die Verbrechen der letzten Jahre in die Geschichte eingehen und noch nach hunderten von Jahren von der gesamten lebenden Menschheit verabscheut werden."

Auch dieser Aussage meines 1980 in München gestorbenen älteren Kameraden habe ich nichts hinzuzufügen. Wir Soldaten müssen uns dazu bekennen - unter immensem Bedauern und großer innerer Pein. Es war die Tragik unserer Generation, von einem Mann mißbraucht zu werden, der, einem Meteor gleich, vielleicht nur einmal in 1000 Jahren auf die Menschheit losgelassen wird. Für meine Kameraden im Widerstand war er der personifizierte Satan. Ich habe mich zuweilen gefragt, warum, sollte dem wirklich so gewesen sein, Satan ausgerechnet im deutschen Volk erstand, um sein Werk bis zur fast völligen Vernichtung des Volkes durchzuführen, aus dem Gottes Sohn hervorging. Sind Deutsche und Juden dadurch schicksalsgebunden auf Jahrtausende?

In einer kleinen Schrift, in der ich vor einigen Jahren einen meiner Regimentskameraden, Roland von Hößlin, dem Vergessen zu entreißen suchte, habe ich die Urteilsbegründung zitiert, mit der Roland Freisler, der Präsident des nationalsozialistischen Volksgerichtshofes, den jungen Major und Ritterkreuzträger am 14. Oktober 1944 wegen seiner Beteiligung am Stauffenberg-Aufstand in den Tod schickte. Ich zitiere :

"Wer so handelt, hat sich für immer außerhalb unserer Gemeinschaft gestellt. Wir wollen als Volk rein und sauber in diesem schweren Ringen kämpfen. Deshalb müssen wir den absoluten Scheidungsschnitt zu diesen Verrätern machen. Schon um der Sauberkeit willen müssen sie mit dem Tode bestraft werden. Wir müssen sicher sein, daß wir auch künftig von solchen Verrätern in unserer geballten Kraft für unseren Sieg nicht gehemmt werden."

Den absoluten Scheidungsschnitt, den der Blutrichter Hitlers an denen verlangte, die gewagt hatten, Hand an seinen Herrn zu legen, verlange ich auch von meinen Kameraden der Armee des letzten Krieges zu denen, die Deutschland verdorben haben. Das sind wir unseren Kameraden des Widerstandes schuldig. Wenn wir uns wirklich zu ihnen bekennen und nicht, wie das einige unter uns noch heute tun mögen, in ihnen Verräter sehen, ohne deren Tun der Krieg hätte gewonnen werden können, wenn wir ihnen dagegen, wie das offiziell Jahr für Jahr als Pflichtübung des demokratischen Deutschland geschieht, noble Motive unterstellen, im Bestreben, dem deutschen Namen wieder zur Ehre zu verhelfen, dann müssen wir, wie ich schon sagte, den Herren von einst radikal die Treue versagen, jene Treue, die sie so schandbar mißbraucht hatten.

Die Verräter, gegen die Freisler sein unbestreitbares Redetalent aufwandte, waren die anderen. Es waren die, die unser Vaterland, die das kreuzbrave, tapfere, anständige, gehorsame deutsche Volk irregeleitet und den Mächten des Bösen ausgeliefert hatten. Sie kämpften, wie Freisler ausgab, rein und sauber? Um der Sauberkeit willen mußten 700 deutsche Offiziere dem Galgen überantwortet werden? Welcher Sauberkeit? Der Sauberkeit von Tarnopol, Riga, Minsk, Borissow Baby Yar?

War es Zufall, wenn es nach der Wende 1990 einen neuen deutschen "Drang nach Osten" gegeben hat? Einen ganz und gar friedlichen, spontanen, nicht befohlenen, nicht im Hirn eines Irrsinnigen ausgedachten Drang? Erinnern wir uns der Paket-Aktion nach Rußland, die plötzlich, quasi über Nacht einsetzte? Konvois von bis zu 120 Fahrzeugen setzten sich in Bewegung, gefüllt mit Tausenden Tonnen Lebensmitteln, Kleidungsstücken und Decken für hungernde und frierende Bürger der zusammengebrochenen Sowjetunion. "Es ist unser Dank an Gorbatchow, der uns die Wiedervereinigung möglich machte," sagte damals der 56jährige Berliner Taxi-Chauffeur Horst Brauer zu Blacky Neubauer, meinem Kollegen von der "Bildzeitung" im Springer-Verlag, der den Konvoi nach Moskau begleitete. War es nur die Freude über "Gorbis" mutigen historischen Schritt, über das unerwartete Geschenk der Geschichte? Oder war es nicht auch, ein bißchen wenigstens, und im hintersten Kämmerlein des deutschen Bewußtseins, das Bedürfnis, ein wenig wiedergutzumachen, was Deutsche den Russen angetan hatten? Die Spender waren fast alle ältere Menschen, die den Zweiten Weltkrieg erlebt hatten. Lag in ihrer noblen Geste nicht auch die Bitte um Versöhnung eingepackt?

Am Schluß tritt mir noch einmal die Gestalt meines Vaters vor Augen. Durch einen tragischen Unfall meiner Mutter war er Witwer geworden und lebte, hoch in den Neunzig, allein in seiner kleinen Mühle in Bleichheim am Fuß des Schwarzwalds. Auf dem Rückweg von einer Verlobungsfeier in Bad Homburg nach Paris machte ich einen Umweg und besuchte ihn, ahnend, daß er nicht mehr allzu lange leben würde.

Er saß am Tisch und hatte mit dem Mittagessen begonnen, seinen Dackel zu seinen Füßen. Er blickte mich vorwurfsvoll an, weil ich, auf der Autobahn aufgehalten, zu spät eingetroffen war. Pünktlichkeit war sein Leben lang Basis ordentlicher menschlicher Beziehungen gewesen. Und dann beging er einen Lapsus, der mich erkennen ließ, daß er seinen alten preußischen Obrigkeits- und Ordnungssinn nicht verloren hatte.

"Hast Du gehört, daß Hindenburg tot ist," fragte er. Ich berichtigte ihn. "Du meinst Adenauer, Papa". In der Tat war der erste deutsche Bundeskanzler wenige Tage vorher, am 19. April 1967, in Rhöndorf gestorben. In ihm hatte mein Vater, ganz wie einst in Hindenburg, den neuen deutschen Ordnungsfaktor, aber ganz gewiß auch den Gründungsvater einer ganz neuen, soliden, gesicherten deutschen Republik gesehen, was er durch strammes Wählen der Kanzlerpartei stets pünktlich unterstrich. Er starb übrigens vier Tage nach dem Kanzler.

Ein anderes Erlebnis bleibt mir in Erinnerung. Ein Jahr nach dem Kriege hatte meine Schwester nach Holstein geheiratet, und als wenig später ihr erstes Kind zur Welt kam, fuhren wir alle mit der Bahn hinauf zur Taufe. Damals lag Deutschland noch in Schutt und Asche. Als die lange Nachtfahrt von der Mosel hinauf nach Norden, noch in ungeheizten Holzklassewagen, sich gegen Morgen dem Ende näherte und wir durch Hamburg fuhren, war mein Vater ans Fenster getreten, um hinauszuschauen. Ich sah, wie er den Kopf schüttelte. Ich trat neben ihn und blickte auf die Trümmer der Stadt. Soweit das Auge reichte, nichts als Trümmer. Nicht einmal mehr Skelette von Häusern, nein, eine eingeebnete, in Wellen verlaufende Landschaft aus Eisen und Schutt, durchlaufen von Adern, die einmal Straßen gewesen waren, und auf deren Grund menschliche Wesen auf der Suche waren, nach irgendetwas.

Wir sprachen kein Wort. Aber ich wußte, was in ihm vorging. Die Jahre des Krieges hatte er fast ausschließlich auf seinem Besitz in der Eifel verbracht, nur am Rundfunk das Auf und Ab des deutschen Waffenglücks verfolgend und den Schmerz um die gefallenen Söhne unterdrückend. Er war dem Regime, das sich Deutschlands bemächtigt hatte, innerlich ganz fern geblieben. Nur einmal, als die Stadt Wittlich dem Ritterkreuzträger Erbo Kageneck einen feierlichen Empfang bereitete, war er, in der Uniform des kaiserlichen Generals, hinter seinem Sohn hergeschritten, eher unbeteiligten, fast starren Gesichtsausdrucks, wie ein Photo ausweist, neben ihm der Kreisleiter im Braunhemd.

Nun aber, 30 Jahre, nachdem er, in umgekehrter Richtung fahrend, aus englischer Kriegsgefangenschaft heimgekehrt war, in einem Zug voller gröhlender Revolutionäre, der indes durch heile Städte fuhr, sah er, was das aus der Revolution hervorgegangene Regime angerichtet hatte. Verheerendes Feuer war vom Himmel gefallen und hatte Sodom und Gomorrha vernichtet. Die Hybris der vorübergehenden Herren Deutschlands, die er verachtet hatte, war furchtbar bestraft worden. Konnte er, beim Anblick der Trümmer, andere Gefühle empfinden als die, die ich 50 Jahre später in diesem Buch ausdrücken wollte: den Zorn, und die Scham? Den Zorn darüber, daß es in unserem Vaterlande so weit hatte kommen können. Und die Scham darüber, daß es die Deutschen nicht vermocht hatten, sich selbst von dem Unrechtsregime zu befreien.

Benutzte Literatur

Bereschkow, Valentin: En mission diplomatique chez Hitler. Edition CEI, Milano 1966

Bock, GFM Fedor von: Zwischen Pflicht und Verweigerung, ein Tagebuch. Herbig, München 1995

Brassie, Anne: Robert Brasillach - encore un instant de bonheur. Laffont, Paris 1987

Castell-Castell, Albrecht Fürst zu: Versöhnungswege. Eigenverlag, Castell 1995

Friedrich, Otto: Königreich Auschwitz. Rogner & Bernhard, Hamburg 1995

Gosztony, Peter: Hitlers fremde Heere. Econ, Düsseldorf/Wien 1976

Haape, Heinrich: Endstation Moskau. Motorbuch Verlag, Stuttgart 1981

Halder, Franz: Kriegstagebuch. Band III. DVA, Stuttgart 1962-1964

Heiber, Helmut: Die Republik von Weimar. In: Deutsche Geschichte seit dem ersten Weltkrieg, Bd. I. DVA, Stuttgart 1971

Herrmann, Carl Hans: Die 9. Panzerdivision 1939-1945. Podzun Verlag, Friedberg o.J.

Hitler, Adolf: Mein Kampf. Eher, München 1925

Höss, Rudolf: Kommandant in Auschwitz. DVA, Stuttgart 1958

Jüdisches Leben in Wittlich. Ausstellungskatalog 1994

Kageneck, August von: Lieutenant sous la Tête de Mort. La Table Ronde, Paris 1968

Kageneck, August von: Zwischen Eid und Gewissen, Ein deutscher Offizier. Ullstein, Berlin 1991

Kageneck, Hans Graf: Erlebnisbericht turbulenter Jahre 1933 bis 1946. Eigenverlag, Munzingen 1983

Kielmansegg, Johan Adolf Graf von: in: Anmerkungen zu Philippe Masson Die deutsche Armee, Geschichte der Wehrmacht. Herbig, München 1996

Krausnick, Helmut / Wilhelm H.H.: Die Truppe des Weltanschauungskrieges. DVA, Stuttgart 1981

Krockow, Christian Graf von: Die Deutschen in ihrem Jahrhundert, 1890 - 1990. Rowohlt, Hamburg/Reinbek 1990

Levene, Marc: Minorities in wartime. Berg Publishers, Oxford 1993

Levenstein, Meir: Du sollst sterben und nicht leben - Ein Bericht über die Vernichtung der Juden in Lettland. LIT-Verlag, Hamburg 1993

L'URSS dans la seconde guerre mondial, Tome I, 1941 - guerre éclair à l'est. Novosti, Moskau 1966

Medem, Gevinon von (Hrsg.): Axel von dem Bussche. v.Hase & Koehler, Mainz 1994

Mitteilungsblatt der Kameradschaft der 9. Panzerdivision. Folge 143, Wien, September 1992

Pohl, Dieter: Nationalsozialistische Judenverfolgung in Ostgalizien 1941 bis 1944. R. Oldenbourg, München 1996

Rhein, Ernst-Martin: Das rheinisch-westfälische Infanterie/Grenadier-regiment 18, 1921 bis 1945. Eigenverlag, Bergisch Gladbach 1993

Ritter, Gerhard: Staatskunst und Kriegshandwerk, Band II. r. Oldenbourg, München 1954

Ritter, Gerhard A.: Arbeiterbewegung, Parteien und Parlamentarismus. Vandenhoek & Rupprecht, Göttingen 1976

Sandstede-Anzelle, Marie-Corentine / Sandstede, Gerd: Clemens-August Graf von Galen, Bischof von Münster im Dritten Reich. Aschendorf, Münster 1986

Stahlberg, Alexander: Die verdammte Pflicht. Ullstein, Berlin 1995

Tausend Jahre Mecklenburg, Geschichte und Kunst einer europäischen Region. Ausstellungskatalog. Hinstorff, Rostock 1995

Zechlin, Egmont: Die deutsche Politik und die Juden im ersten Weltkrieg. Vandenhoek & Rupprecht, Göttingen 1969